遥かなる遣唐使の道

三船順一郎

MPミヤオビパブリッシング

序文

二〇一〇年秋学期から、中国西北大学のキャンパス、図書館、文化遺産学院資料室、国際文化交流学院などに、顔色がつやつやとし元気いっぱいで、足早に歩く中肉中背の人物の姿がよく見られるようになった。この方が、私に付き従って遣唐使を専門に研究する日本人研修生の三船順一郎氏であった。年齢は六十歳を超えておられた。

三船氏は医学博士で、心臓病と高血圧の権威であった。一九八一年福井心臓血圧センター福井循環器病院の副院長となり、一九九三年病院を退職し診療所を開設された。

ここで話すべきことは、一九九七年中国外文出版社の孫緒春氏が日本の親戚を訪問された時、三船院長と知り合いになったことである。この時三船院長は『わかりやすい心臓病と高血圧』という著書を孫緒春氏に贈り、よければ翻訳して中国で出版してほしいという意向も伝えられた。孫緒春氏はこの本に目を通し、中高年の心臓病と高血圧の患者にかなり実用価値があると認識されたので、すぐに翻訳し出版する旨を伝えられ、また中国社会出版社と出版の契約を行った。その後一年足らずで、『心臓病、高血圧早知道』という訳本が出版された(中国社会出版社、一九九八年)。この本は出版早々に売り切れ、一度再版されている。このことから、三船院長の心臓病と高血圧に対する治療レベルはある程度わかるであろう。

私が三船氏と交わりを結んで知人となったのは、二〇〇四年に西安で初めて発見された、唐代日本人留学生井真成の墓誌と密接な関係がある。翌年の二〇〇五年一月二十八日から二日間、東京朝日ホールで「専修大学・西北大学共同プロジェクトによる国際学術シンポジウム」が開催された。また『遣唐使の見た中国と日本 新発見「井真成墓誌」から何がわかるか』という本も出版された。井真成墓誌の発見はいうまでもなく、中国と日本の学界で大きな反響を引き起こし、三船氏も遣唐使に随分興味を持ち始められたようである。その後二〇一〇年三月十六日三船氏から「西北大学へ留学させてほしい」というメールが届き、私は翌日「大歓迎」と返信した。同年四月九日、我々中国の研究者五人は「平城遷都千三百年記念中日関係史研究者訪日団」(団長王勇氏)を組織し、日本の各地を訪問することになった。四月十日私は早稲田大学で開かれた「奈良時代の宗教文化シンポジウム」で講演したが、この時に初めて三船氏と会ったのである。八月二十五日三船氏は西北大学留学のスタートを切り、私の指導下において、円仁の『入唐求法巡礼行記』をはじめ、さまざまな文献に記された遣唐使の道を再検討する計画を実施された。そのため四回にわたり遣唐使南北ルートを実地調査されている。具体的には、二〇一一年四月五日から一ヶ月間、寧波から西安までの遣唐使南ルートを実地調査(一回目)し、九月十四日から一週間泗洪から宿州までの遣唐使南ルートを実地調査(二回目)されている。また十一月十四日から二週間、商丘から蓬莱までの 遣唐使北ルートを実地調査(三回目)し、翌年四月十七日から一週間、済南から蓬莱までの遣唐使北ルートを実地調査(四回目)されている。四回の実地調査を通じて多くの新しい考古学資料を得られ、これらを検討した結果二年間で本書『遥かなる遣唐使の道』を執筆されたのである。そして八月十七日 留学を終え帰国の途につかれた。

この書物は、円仁の『入唐求法巡礼行記』の最新研究ともいえる。出版すれば多くの読者の好評を受けるはずと、私は固く信じている。

二〇二二年十月九日

西北大学文化遺産学院教授・博士指導教授　王　維　坤

目次

第三章 遣唐使北ルート陸路の旅

遥かなる遣唐使の道

登州
(蓬莱)
莱州
昌邑
淄博
済南
青州
昌楽
河
泰安
莱蕪
北ルート
曲阜
巨野
黄　海
宋州(商丘)
泗県
永城
泗洪
宿州
楚州
(淮安)
邗溝
泗州
(盱眙)
高郵
揚州
河
南ルート
潤州
(鎮江)
江南河
蘇州
嘉興
江
長
杭州
越州
(紹興)
明州
(寧波)

図1　遣唐使が通った道（譚其驤『簡明中国歴史地図集』改変）

南ルートは中国南方の港から長安に至る道で、北ルートは北方の港から長安に至る道を指す。

第一章

古代日本のロマン遣唐使

（一）海は魔界、海岸は地の果て

西安（唐代の長安）へ来て一ヶ月ほど過ぎた頃、宿舎のある西北大学でユーラシア国際考古学術集会が開催された。ユーラシアとはアジア大陸とヨーロッパ大陸をひとまとめにした呼び方であるが、大陸東端の島に住む日本人にはピンとこない。しかし中国大陸のど真ん中、西安では陸続きのヨーロッパも視野に入っており、ユーラシアという呼称に違和感はないのである。

唐の時代、長安から海岸までは千五百キロメートル、二ヶ月の旅程であったが、町の人々にとっては見知らぬ野を越え川を渡る果てしなく遠い道のりであった。また海は船をひと呑みにする大きな魚が泳いでいる魔界で、海岸は一歩たりとも踏み出せない地の果てと考えられていたのである。日本はといえば、この地の果てからさらにどこまでも広がっている海の彼方に浮かぶ国で、想像をはるかに超える異次元の世界、かぐや姫に出てくる月の国のようなおぼろげな存在であった。唐代三百年間の出来事をまとめた『旧唐書』にも、日本に対するこの希薄なイメージは反映されている。朝鮮半島諸国は毎年一回から二回と頻繁に使者を長安に派遣し、唐と密接な関係を維持していた。『旧唐書』はこれらの国に関し二十一ページの記述をしているが日本に関する記事は二ページにも満たないのである。一方日本から見た長安は大海原の向こう、さらに果てしなく続く大陸の彼方で、やはりこの世のものとは思えない夢の世界であったに違いない。しかし遣隋使、遣唐使の時代は、やっと日本に国全体を統括する体制ができた時期で、新生国家の気運に満ちていた。巨大な先進国家の唐を熱い視線で見つめ、とてつもなく困難な冒険旅行に乗り出し始めたのである。この結果、遣唐使を派遣していた数百年の間に語り尽くせぬ数奇なドラマが生まれたのである。

遣唐使が奈良や京の都を出て九州から出航するまで、日本国内における出来事についてはある程度知られている。しかしながら日本を離れ唐に到着した後については記録があまり残されておらず、先人の研究書も多くない。特に中国の海岸に上陸後どのようにして唐の都長安まで行ったのか、千五百キロメートル二ヶ月に及ぶ旅行中の記録は極めて乏しいため、研究書はほとんどないのが実情である。そこで筆者は二〇一〇年から二年間西安に滞在中、古代の記録を調べるとともに調査旅行を繰り返し行い、海岸から長安に至る遣唐使達の旅行の実態を明らかにすることを試みた。遣唐使がどのルートを通ったかについては、古代官道(国道)の宿場である「店」、「舗」の字が付く地名をピックアップし、線でつなぎ合わせることにより古代の官道を描き出した。また遣唐使ルートに関連がある日本僧の旅行記の中から、通行した官道を調べた。これらの資料を実地調査と照合することにより遣唐使の通行ルートを特定した。なお本書には日本僧円仁《えんにん》、円珍《えんちん》、成尋《じょうじん》の旅行記がしばしば登場するので冒頭で紹介しておく。

円　仁……（七九四～八六四）

最澄の弟子で八三八年第十九回遣唐使と共に揚州から入唐。唐に九年滞在し、中国の広い地域を旅行した際の旅行記『入唐《にっとう》求法《ぐほう》巡礼《じゅんれい》行記《こうき》』は、『大唐西域記』『東方見聞録』と共に世界三大旅行記ともいわれている。『大唐西域記』や『東方見聞録』は、帰国後の回想録として書かれたもので正確さに欠けるが、円仁は日記形式で日常生活から政治情勢までを詳細に記録している。円仁は当初寧波《ねいは》の南にある天台山での修行を目指したが、唐政府の許可が得られなかった。そこで揚州から楚州まで遣唐使と同道したが、この際、官船に乗って大運河を旅行する遣唐使の様子を旅行記に書きとめている。その後、円仁は遣唐使と別れて山東半島の登州《とうしゅう》（蓬莱）に至り、ここから北方の五台山まで旅行したが、登州から淄博《しはく》までは遣唐使ルートを通行している。また五台山から後は長安に滞在、帰国の際には長安から開封《かいほう》を経て泗州まで遣唐使ルートを辿っている。

円　珍……（八一四～八九一）

旅行記『行歴抄』

八五三年唐の商船に便乗し南方の福州から入唐。天台山に行った後越州から長安までの往復は遣唐使ルートを通っている。

成　尋……（一〇一一～一〇八一）

旅行記『参天台五台山記』

一〇七二年宋の商船に便乗し入宋。天台山に立ち寄った後、杭州から遣唐使ルートを通り開封着。開封から五台山を往復した後、開封にしばらく滞在。その後開封から再び遣唐使ルートを通り杭州へ戻っている。杭州から開封まで運河を利用した旅の内容は、円仁よりもはるかに詳しい。

瀬戸内海を行く／明るい青空に藍色の海。

新鑑真丸

（二）新鑑真丸に乗って中国へ

神戸港で上海行きの中国船新鑑真丸に乗り込んだ。これから西安まで一ヶ月間の調査旅行になるが、同行者矢部さんは中国語教室の先輩で、北京の大学に一年間留学したことがある中国通のため心強い。いつもの旅行よりもやや高揚した気分である。正午出航となっていたが、予約客がすべて乗り終えたらしく、二十分早く船は岸壁を離れた。船室は四人部屋、二段ベッドになっており窓側にテーブルとソファーが置かれている。我々の同室者は中国人の留学生で、大学院を卒業し帰国途中とのことである。間もなく明石海峡大橋が見えてきたので、デッキへ出て写真を撮った。船室へ戻り三人でいろんな話をしたが、さすがに矢部さんは中国語がよく通じている。瀬戸の小島がぽっかりと海に浮かび、大小のいろんな船が次から次へと現れては消えていく。新鑑真丸は一四〇〇〇トン、長さ百五十六メートルと書かれていたが、思った以上に大きな船でどこへ行ってもきれいに整頓されている。船の食堂は並べてある料理を取って支払う方式で、中国の家庭料

夕暮れの海

船内レストラン

理的なものが多く、どれも安くておいしい。
　夜になりカラオケバーの準備ができましたとのアナウンスが入ったので、ちょっとのぞいてみた。若い客がほとんどかと思っていたが、熟年が次から次へと入ってくる。テーブルを囲んで、いつしか見知らぬ者同士で話が盛り上がっている。中国へ行って何をするのか、決まっているようで決まっていない。話の内容はすべてこのような調子で、みんなともかく、時間だけたっぷりあるという点で一致しているのである。旅行の前に中国の留学生から、船で行くと毛色の変わった人が多いと聞かされていたが、当たっている。アルコールがまわりもう飲めないと感じ始めたところで十時閉店となり、明晩の再会を約して解散した。
　翌朝目を覚ますと、船はすでに関門海峡を過ぎ東シナ海へ出ていた。以前、瀬戸内海から外洋へ出たとたんに波が高くなり、船がゆれたことを経験しているが、今回はまことに静かである。大海原を左

から右へ見渡すと、水平線はかすかに湾曲している。やはり地球は球面体であるようだ。日中は、昨夜出会った仲間が甲板に集まり、いつまでも話が尽きない。二泊三日の船旅はあっという間に終わり、三日目の早朝、船は上海の黄浦江《こうほこう》に入っていた。数時間かかってゆっくり川を遡行したところで、浦東《ほとう》の高層ビルが見えてきた。外灘《がいたん》の少し手前に埠頭があり、ここで上陸した。

税関の手続きは簡単に済み、タクシーで長距離バスステーションに向かった。寧波行きのバスに乗ったところ、隣席の青年がはっきりした日本語で席をかわりましょうと言って、矢部さんと同席にしてくれたので「謝謝《シエシエ》」と礼を言う。バスは市街地を離れ海沿いの田園地帯に入った。畑の中に白壁二階建ての瀟洒な家が並んでいる。上海の発展とともにリッチになった農家なのか、あるいは別荘であろうか？　八十キロメートルほど走ったところで、杭州湾大橋のインターに着いて休憩。この橋は三十キロメートルもある杭州湾をひとまたぎにして、対岸まで伸びている。大阪から神戸の距離に匹敵する長大な橋で、いくら走っても海の上、中国の土木工事には目を見張るものがある。上海から百八十キロメートルの行程を二時間半で走り、寧波に着いた。

黄浦江を遡行する

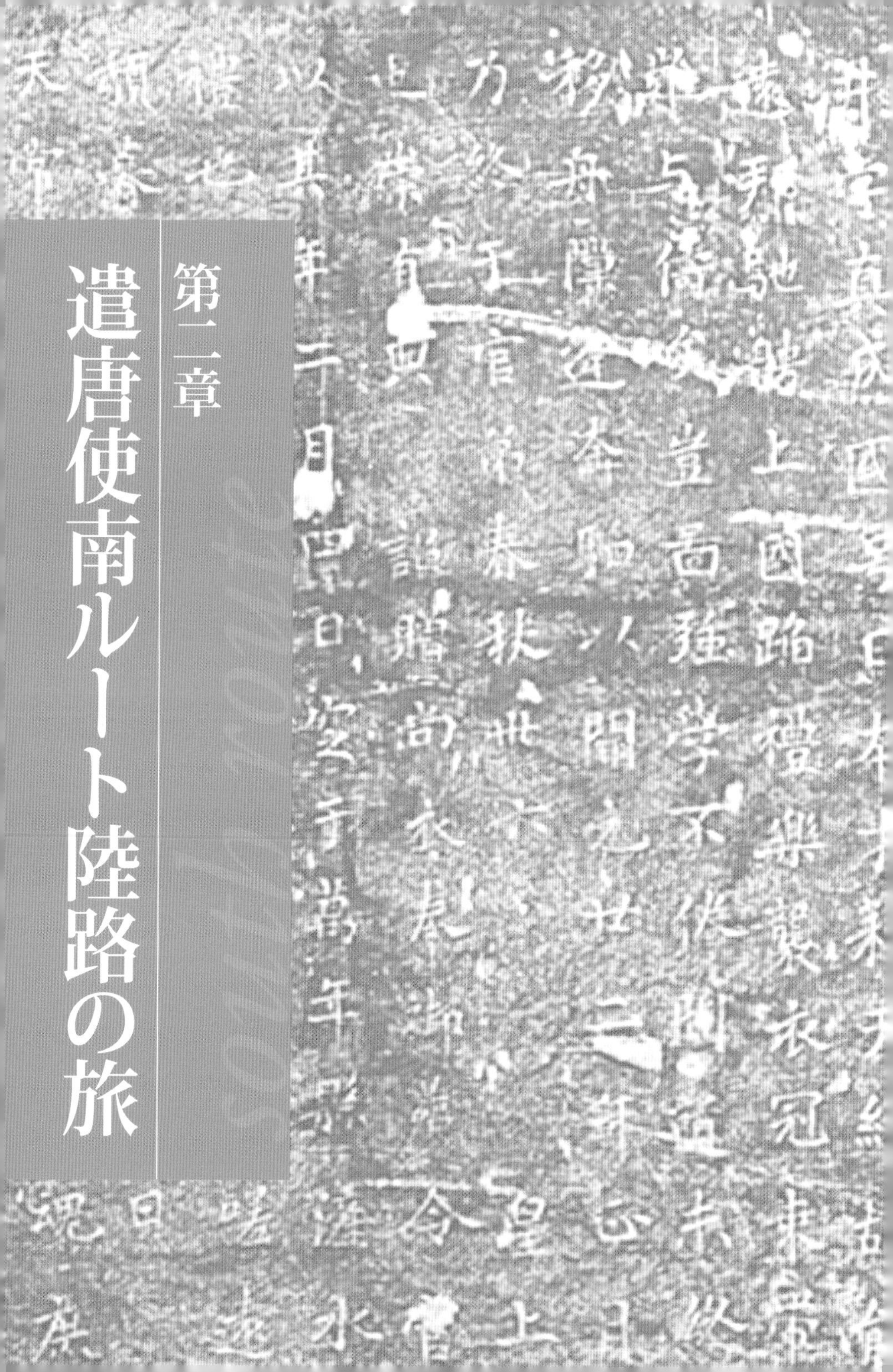

第二章

遣唐使南ルート陸路の旅

meishu

三江口埠頭／唐代には埠頭があり、外国船が出入りする華やかな場所であった。

（一）海の玄関「明州」（寧波）

『日本後紀』の記述では、第十八回の遣唐使は八〇四年四艘の船団で日本を出発し、このうち学問僧最澄らを乗せた第二船は、明州《めいしゅう》に着いている。曹復《そうふく》氏によると、明州では三江口《さんこうこう》の港に市舶司《しはくし》が置かれ、外国貿易船の取り締まりをしていたとのことである。遣唐使も三江口の埠頭から上陸し、市舶司の役人に日本から来た使節である旨を告げたことであろう。第十八回遣唐使のうち空海らを乗せた第一船は、明州からはるか南に流され、三十四日もかかって福州に漂着している。第三船は日本近海で行方不明になり、第四船は何らかの事故で、一年ほど遅れて唐に着いたという。

まず明州の玄関であった三江口に向かう。唐代の明州は、揚州、広州と共に中国の三大貿易港として栄え、三江口埠頭は海外からたくさんの商船が出入りする華やかな場所であったと思われる。ここは二本の川が合流、一本になり近くの海へ注ぐ三叉路のような形状をしている。現在は川に面した静かな公園になっており、岸辺にはおしゃれな店が並んでいる。まわりを見渡すと高層ビルが林立し、市の中心に位置していることを実感する。

ここから西へ一キロメートルのところには鼓楼があり、レストランやみやげもの屋でにぎわう繁華街になっている。明州は唐代に貿易港として重要性が増し、明州城が築かれた際、南の城門になったのが鼓楼である。鼓楼は時を告げる役割以外に、港に近いことから海を監視する海軍の望楼として使われていたのである。遣唐使は上陸後、明州城の役所へ出向き通行許可証をもらったと思われる。

寧波、杭州など長江（揚子江）より南の地域はインドからの仏教伝来が早かったので、寧波には歴史の古い仏教寺院が多い。日本の僧が遣唐使船に乗り留学僧として渡海したのに始まり、宋代以後も多くの僧がこの地で修行している。阿育王（アショカ）寺は、創建二八二年の由緒ある寺として特に有名である。インドのアショカは紀元前七世紀頃、八万四千の仏塔をインド各地に建立したという伝説がある。これにちなみ呉越王銭弘叔は、八万四千のミニチュア仏舎利塔を作り、各地に仏教を広めている。この一部は海を越え日本にも伝来している。阿育王寺には揚州の大明寺と同様に、鑑真像が置かれている。日本へ向かう鑑真の船が難破、明州近くの小島に漂着した際、漁民に救出された。鑑真は阿育王寺に招かれ二年間滞在したが、この間にうわさを聞きつけた多くの僧がやって来て、僧侶の正式免許たる具足戒《ぐそくかい》を授けられている。

阿育王寺に向かって三十分ほど走り、山道にさしかかったところで寺に到着した。緑深い山に抱かれた広大な敷地に、数多くの楼閣が配置されている。延々と続く廊下を通り天王殿、舎利殿、東塔などをまわった。昼の時間になったところで寺自慢の精進料理を供する食堂松光斎に入る。観光客が少なく広い食堂はガランとしている。我々二人の料理を注文すると受付嬢は、定食は量が多く一人前で二人分ありますよと助言してくれたので、一人前五十元（六百円）を支払う。料理は野菜中心であるが、肉そっくりという独特の煮物もあり、どれも一流の味に仕上げられていた。

2

1

4

3

1：**鼓楼**／唐代の城門。今はレストランやみやげもの屋が軒を連ねる繁華街になっている。

2：**阿育王寺・舎利殿**／阿育王寺は緑深い山に抱かれた広大な仏教寺院である。

3：**阿育東塔**

4：**松光斎で精進料理**／伝統ある精進料理は野菜中心であるが、肉そっくりに仕立てた煮物も出される。

etsushu

紹興旧市街の運河／縦横に運河が走り、
水郷地帯ならではの光景が見られる。

(二)紹興酒のふるさと「越州」(紹興)

紹興は蘇州と共に、長江から南の地では最も古い歴史を有しており、唐代には越州《えつしゅう》と呼ばれていた。『日本書紀』の参考資料である伊吉博徳《いきのはかとこ》の書によれば、六五九年博多を出発した二艘の遣唐使船のうち、吉祥連《きっしょうれん》の船は越州の会稽県《かいけいけん》(紹興)に着き、州衙《しゅうが》(州役所)へ立ち寄ったことが記されている。遣唐使は杭州から船で大運河を進み、洛陽からは駅馬に乗って、長安に着いている(図1)。その後、洛陽へ戻り皇帝に拝謁したとのことである。もう一つの石布連《せきふれん》の船は南の島へ漂着、五人が生きのび括州《かつしゅう》に着いた後、役人の手で洛陽へ送られている。石布連ら五人は、奇蹟的に洛陽で吉祥連の一行と再会を果たしている。丁度この年、唐は朝鮮半島での戦をひかえており、機密を保つために使節を禁足し、一年以上たってから釈放している。

紹興の町は昔ながらの水路が自在に街をめぐり、落ち着いた雰囲気を醸し出している。まず、文豪魯迅の生家である魯迅記念館を訪れた。中国の伝統的な造りの、広い屋敷である。

魯迅の生家を訪れる

東湖の足こぎ船／一本の長い櫂を、二本の足ではさみながら漕ぐ。

生家の隣には、魯迅が十二歳から十七歳まで通った塾、三味書屋があり、彼が使った机が置かれていた。魯迅は若い時、仙台医学校（後の東北大学）に留学している。解剖学教授の藤野厳九郎は日本語が得意でない彼のノートを補い、ていねいに指導している。師弟愛に満ちた交流は後に魯迅の自伝『藤野先生』として執筆されている。魯迅記念館の前には藤野の胸像が置かれていた。藤野厳九郎は後日、郷里福井県あわら市に帰り、一介の開業医として生涯を閉じている。

　ここからタクシーでちょっと走って東湖まで行き、名物の足こぎ船に乗った。湖を案内する熟年の船頭が、手で舵をあやつりながら長い一本の櫂を二本の足ではさみ、力強く漕いでいく様子は、まさに名人芸の域に達しているといえよう。夕方になったので旧市街に戻り、記念館近くの咸亨酒店へ入った。魯迅の本にも出てくるという伝統のある居酒屋で、現在は改装され広くなっている。ここでは、先に料金支払い用のカードを購入するセルフサービスになっており、大学の学生食堂も同じ方式である。目の前に置かれている料理をもらってカードで支払い、自分のテーブルに持っていって食べる。カードで使い切れなかった分は払い戻してもらう。料理

味は格別・臭豆腐／臭豆腐《チョードーフ》は発酵させた豆腐で、においがチョー強いため、屋外の屋台で油で揚げて売られている。油で揚げるとあまり臭わなくなるのである。形は揚げ出し豆腐に似るが、日本のものよりやや固い。西安でも人気があり、あちこちの街角で売られているが、たしかに一度食べるとまた食べたくなる。千年の歴史があり宮廷でも食べられたとのことであるが、遣唐使の時代はどうであろうか？

の種類が極めて多い場合は、日本の食券を買うシステムでは対応し切れないので、カードの方が良い。紹興へ来たからには紹興酒を飲まなくてはと、二人で一本をあけた。

紹興酒（黄酒）…………李白が酒を愛したことは大変有名であるが、唐代には白酒《パイチュー》はなかったので、酒という場合は黄酒《こうしゅ》を指す。遣唐使が宮廷で宴会に招待された際には、この黄酒で乾杯となったはずである。黄酒のなかで、紹興で作られたものは紹興酒と呼ばれている。もち米が原料で、アルコール分は十～二十%、日本酒と同程度である。紹興酒は日本酒よりもはるかにアミノ酸が多く含まれ、健康酒としても価値が高い。長期間かめに入れて寝かした陳年紹興酒は老酒ともいわれ、さっぱりした味で飲みやすい。現在、中国における宴会の際は決まって白酒が出てくるが、アルコール分が五十%前後と高い。ビールは友人同士の食事ではよく飲まれているが、宴会にはあまり出てこない。紹興酒は中国の北方では人気がなく、主として蘇州や紹興より南の地方で飲まれている。

紹興の酒店／紹興酒はびん入り以外に、素焼のかめに入れて売られている。紹興では子供が生まれると、紹興酒を土の中に埋め、その子が結婚する時に客に振る舞う習慣があった。現在でもかめを買った人は土に埋めるのであろうか？

koshu

拱宸橋から見た大運河／絶え間なく船が通る。1400年前から今なお生き続けていることが実感される。

(三)大運河の始発駅「杭州」

紹興から杭州までは四十キロメートルと近く、バスに乗り一時間ほどで到着。福井医大の大学院に留学されていた小児科医Jドクターと奥様が、バスの駅までビュイックを運転し迎えに来て下さった。J夫妻の送別会を我が家で開いてから、五年以上はたっていると思われるが、久しぶりの再会となった。丁度昼の時間になったので、レストランへ案内された。Jドクターと同じ頃に福井医大に留学されていた女医さんのSドクターも、紹興からかけつけて下さった。福井は三人にとって、四年間過ごしたなつかしい土地ということで、いつまでも思い出話が尽きない。J夫妻とSさんの日本語はとても流暢で、我々二人の中国語よりもスラスラと出てくる。いつの間にか五人の会話は、中国語から日本語に移ってしまった。J夫人は最近、日本の学校体育の本を中国語に翻訳し出版され、一冊プレゼントして下さった。Jドクターは、「福井に住んでいる時に結婚し子供も生まれたので、私達の一家は福井からスタートしたようなものですよ」と言われる。

古来杭州は、越(紹興)と呉(蘇州)二つの国の間にある地方都市に過ぎなかった。しかし千四百年前の隋代に、大運河が杭州から洛陽まで開通した結果、唐代に入って大きな発展を遂げた。九百年前、南宋の時代には首都になって人口は百万を超え、当時としては世界最大の都市に躍進したのである。越州に上陸した伊吉博徳らの第四回遣唐使(六五九年)、明州に上陸した吉備真備《きびのまきび》らの第十二回遣唐使(七五二年)、最澄らの第十八回遣唐使(八〇四年)などは、杭州から大運河の官船に乗り長安に向かったと考えられる。

●武林門 ●拱宸橋 ●運河博物館 ●西湖 ●楼外楼

武林門は、隋代に杭州城を築いた時に作られた北側の城門で、大運河に面していたので杭州の玄関になり、また運河を通る物資の集散地として使われた。夜には灯をつけてにぎわう夜市が開かれ、北関夜市と呼ばれていた。遣唐使も武林門を通ったと思われるので、夜市を見たであろうか？　武林門から大運河の遊覧船が出ているので、六キロメートル先の拱宸橋《きょうしんばし》まで船に乗ることになった。以前から大運河で船に乗り、遣唐使の気分を少々味わってみたいと思っていたので、良い機会である。現在このあたりは市の中心部になっており、まわりには高層ビルが立ち並んでいる。運河の河岸は公園として整備され、水辺を散歩している人がちらほら見える。遊覧船は、砂利などを積んだ大小の船と、ひっきりなしにすれ違う。千四百年前に作られたこの大運河は、過去の遺産にとどまっているのではなく、現在も生き続けているのである。武林門からしばらく行くと、両岸に古めかしい建物が増えてきた。船は二十分ほどで拱宸橋に到着した。この橋は明代からの歴史を有する大きな石橋で、アーチ型に大運河をまたいでいる。橋のたもとには運河博物館が建てられ、過去から現在に至る時の流れを見せてくれる。なお以前には、杭州から蘇州まで百五十キロメートル、大運河を通る一夜の船旅というものが行われていたそうである。

西湖を散策している間に夕暮れとなり、湖畔に建てられた風格ある料亭、楼外楼に案内された。J夫人の友人である店の女主人に笑顔で出迎えられた。お話によると、店の名は南宋詩人林升の詩「山外青山楼外楼」からとったもので、清代に創建されたとのことである。西湖の魚やえび、粘土で包み焼き上げたひな鶏、豚肉の角切り煮込みなど杭州の名物料理が次々と出される。四川料理の辛さや北京の油っこい感じがなく、どれもあっさりした上品な味で、丁寧に作られていた。

上：武林門で大運河の船に乗る／武林門は杭州城の北側にあった城門で、大運河に面しているので杭州の玄関になっていた。大運河を長安に向かう遣唐使は、ここから出発した。後方に見える水面は大運河である。

中：夕方の西湖／西湖はどこで写真を撮っても絵になる。真の美人は、どの角度から撮られてもきれいに見えるのと同じである。

下：外国の要人も訪れる楼外楼／西湖のほとりに建つ杭州料理の老舗。左の柱に、漢詩の一節、山外青山楼外楼の字が見える。

成尋の旅行記——明州より揚州まで

唐代における明州より揚州までの道中記録は、あまり残されていない。宋代に書かれた成尋の旅行記(藤善眞澄訳注)は、遣唐使と同じようなルートを辿っているので、参考になる部分を書きとめておく。成尋は日本で宋船に便乗し、一〇七二年三月二十六日明州を過ぎて杭州湾に入り、杭州まで航行した。向かい風の時は船を出さず途中の港に停泊、順風の時に帆を上げて進んでいる。風のない時にはこの宋船は、櫂を使うこともあった。杭州湾は浅いので途中、宋船から川船に乗り換え、潮が満ちるのを待ち櫂を漕いで進んだ。四月十四日杭州に着き、銭塘江から運河に入って役所の門前で停泊。四月十六日役所の係官に旅行許可申請書を見せたところ、次の日に杭州政庁へ行くように言われた。その後成尋は天台山へ行き四ヶ月過ごし、再び杭州へ戻ってから、大運河を通り開封まで行っている。

一〇七二年八月二十四日城内の運河で船に乗り、杭州城の武林門から大運河に入り嘉興《かこう》に向かった。八月二十五日長安堰で三ヶ所の閘門《こうもん》を過ぎた。運河の水位に一・五メートルの差があったと書いているので、パナマ運河式の閘門と考えられる。八月二十六日嘉興に到着。運河を二日間で計百十キロメートル進んだとしているが、当時としては、かなり速いように思われる。このあたりは起伏の少ない平坦な土地で、運河の整備が良かったのかもしれない。夜昼なく船を走らせ、さらに風向きが良ければこの程度の距離がかせげるのであろう。九月四日蘇州着。都督《ととく》に迎えられ豪華な接待を受けた。蘇州の門や官舎は杭州のように広大で、商店も繁盛していた。九月七日常州の南門に着き、常州府の役人と面会した。九月八日常州の城内に入ったところ、常州刺史(長官)が使い

を寄こした。九月十日潤州城（鎮江《ちんこう》）に入り役人と面会。金山寺に参拝し帰途、宋に来てから初めて馬に乗った。九月二十二日水門を出て長江（揚子江）に向かった。渡し船を二艘の船に牽引され対岸に渡った。長江に潮が満ちるのを待って水門を開け、船を運河に入れた。九月二十三日まっすぐに掘られた大運河を通って揚州着。

上：日本僧が修行した霊隠寺／西湖の西方、山がせまっているところに建てられた杭州最古の寺で、1600年前、インド僧恵理《けいり》により開かれた。この山には奇峰怪石が多く、仙霊《せんれい》のひそむ場所として寺の名が付けられた。1100年前には呉越国王により厚い保護を受け、僧を3000人かかえていたとのことである。規模の大きな寺で、山門から谷に沿って坂道をかなり歩いたところで、やっと霊隠寺の屋根が見えてきた。山の斜面にかけていくつもの楼閣があり、最上段の建物に着いた時にはすっかり汗をかいてしまった。
下：河坊街の菓子店／隋は大運河の南側に杭州城を作ったが、南宋時代には皇帝の居城が築かれた。また城のまわりは、官庁や貴族の居住区となり、商業も盛んであった。現在ここは河坊街《かぼうがい》と呼ばれ、古い街区が保存されている。書画、骨董、工芸品などを扱う老舗が立ち並び茶館や菓子店も多く、昔のにぎわいが今も残されているのである。

夜の運河／遊覧船に乗って嘉興の運河を巡る。中国の夜は、どこの都市でも電飾がきれいである。

(四)田園都市「嘉興」

嘉興は杭州と蘇州の中間に位置する、緑の多い田園都市である。Cさんがホテルまで出迎えに来られたが、会うのは三年ぶりくらいである。西安外国語大学を卒業後福井へ留学、大学院へ進み、その後金沢へ移りドクターコースを卒業した秀才である。この間小生の家に下宿したこともあり、我々家族との付き合いはかなり長い。現在は地元大学の日本語学科で教鞭をとっている。Cさんが福井へやって来た当初、ロータリークラブの奨学金に応募することになった。彼女の自己紹介の記述で、「中国の蘭州から日本に」というのがピンとこない。そこで蘭州ではなく、「シルクロードの出発点蘭州」と書いてみたらとアドバイスした。難関の奨学金に当選したのは立派であったが、これには美人で明るい性格がかなりプラスになったかも、と思ったものである。

夕刻、嘉興の名物料理店へ案内されたところ、Cさんの父上と母上が待っておられた。うれしいサプライズ。お二人とは六年前に杭州で、四年前に成都でお会いし、今日は三回目になる。食事の席で、父上はエリートの誉れ高い西安交通大学出身ということを初めて聞いた。「自分は現在西安の大学に留学中であるが、Cさんと父上が共に大学時代に西安で勉強していたとは、何と不思議な縁でつながっていたのでしょう」と言うと、同感ですと握手を求められた。日が沈みすっかり暗くなったところで、遊覧船に乗って夜景を楽しむことになった。嘉興は京杭大運河が町の中心を貫いており、至る所に水路がはり巡らされているので、観光には船が一番である。

soshu

北寺塔／塔から旧市街を眺めると、見渡す限り古い家並みが続いていた。景観をそこなうものは一切なく、昔のまま大切に保存されている。

(五)水の都「蘇州」

六六三年白村江の戦の後、日本は新羅との関係が悪化した。このため遣唐使は、朝鮮半島の沿岸伝いに中国に渡ることができなくなったのである。そこで七〇〇年代以後の遣唐使は、日本から黄海の大海原をダイレクトに渡り切るという、危険極まりない航路を選択した。このルートで目指す港は長江上流二百五十キロメートルの揚州、または南方の明州とされた。しかしながら、果てしなく長い大陸の海岸線には目に見える目標はなく、ただ一つの目印は長江の河口近海で海水が白黄色に濁ることであった。『箇明中国歴史地図集』を見ると、唐代の蘇州地区は長江の最下流になり、上流百二十キロメートルの黄泗浦《こうしほ》(張家港)から河口までを指している。なんとか大海を乗り切り長江に乗り入れた船の中には、竹で編んだ帆を吹き破られ揚州に到達できず、蘇州の川辺に漂着することも少なくなかったと思われる。また河口付近の長江はとても広大で瀬戸内海ほどもあるので、漂着した場所が川なのか海なのかわからなかったに違いない。

南路から長安に着いた遣唐使は、帰途大運河を下り、まず揚州に集結する。その後乗って来た船の係留地点まで行って、航海に乗り出すのである。蘇州地区の黄泗浦は海に近い長江の港なので、遣唐使の帰路に利用されることは多かったと思われる。第十二回遣唐使は、帰途に鑑真を乗せ、黄泗浦から日本に向け船出している。蘇州から上陸した七三三年の第十回遣唐使の記録については、東野治之・高木博両氏の著書に詳しく述べられている。船には、中国から日本に名僧を招聘《しょうへい》するために派遣された、栄叡《ようえい》、普照《ふしょう》二人の僧が乗っていた。また、日本人と中国人の間の子として唐で

右：アンティークなホテル／古民家風のホテルで、心安まる空間を提供している。
中：旧市街の盤門／古代蘇州城の南門であった。
左：蘇州城の濠／旧市街の盤門を一歩外へ出ると、城の濠になっていた。この濠は水路で大運河につながっている。

生まれた秦朝元《はたのあさもと》は、十五年前に日本へ渡って出世し、遣唐使の判官に取り立てられ唐へ里帰りするところであった。この遣唐使船が帰国する際には、羽栗翔《はぐりのかける》、翼《つばさ》という日本人と中国人の間に生まれた兄弟を乗せて日本へ向かっている。

　嘉興よりバスに乗り二時間ほどで蘇州に到着。ホテルのチェックインを済ませ案内されたのは、古民家風の別棟で四合院造りになった建物である。一瞬戸惑ったが、ホテルのまわりの建物はと見れば、ほとんどがこのような時代を経た作りになっているので納得した。室内は外観とマッチし、調度品は簡素でアンティーク。このホテルはゼロ星クラスであったが、我々の経験では星の数にこだわらない方が、この手のすぐれ物に当たる確率が高いと思っている。

　ホテルに近い盤門から、旧市街へくり出した。盤門は呉の国王が築いた蘇州城の南門の役割をしていたとのことで、門から一歩出ると城の濠になっており、水路で三キロメートル離れた京杭大運河につながっている。地図を片手に旧市街の中心部を目指し歩き始めたところ、道が極端に狭い露地裏のような地区に入り込み、いくら歩いても抜け出ることができない。まわりの家並みは、時代劇にでも出てきそうな雰囲気

北寺塔

であるが、自転車は走り小さな八百屋も開店している。近くを通りがかったおじいさんに、広い道へ出たい旨を話し教えてもらったが、よくのみ込めない。我々のおぼつかない足取りを見て、ついにバス停まで案内して下さった。中国で生活してこのような親切を受けたことは、実は枚挙にいとまがない。以前西北大学に来たばかりの頃、大学の近くで停留所の場所を尋ねたところ、停留所まで案内された。「謝謝」と丁寧に礼を言った後しばらくバスを待っていたが、ふとふり返るとその方はまだ帰らずにおられたのである。バスに乗り間違えないよう見守るつもりと察したが、雨も降りかかってきたので再度礼を言って帰ってもらった次第である。

迷路を脱出したところで北寺塔に向かう。この塔は『三国志』の時代に呉の孫権が建てたもので、宋の時代に改築されている。高い塔の下に展開するのは旧市街で、古い時代の家々が整然と並びどこまでも続く光景は感動ものである。

午後Fさんがホテルまで出迎えて下さった。長沙の高校を卒業後福井大学工学部四年間の後、大学院に進み、小生との交流はとりわけ長い。現在は中国の建築関係の会社で重要な仕事を担当しているエリートで、前日嘉興で会ったCさんの夫君である。初対面の時、百九十センチメートル近い偉丈夫ぶりと流暢な日本語が印象に残った。たくさんの留学生を引きつれ北海道から沖縄と、日本中を車で走りまわり、また在学中に休学して中国の実業界を経験してくるなど、並はずれた行動力の持ち主である。彼の日本語には外国人なまりが全くなく、日本での生活も長いので、今では日本人そのものに見える。しかしながら、彼の大陸的なおおらかさとアクティビティは、日本人の若者の中には求めることはできない。米国では多くの留学生が引き続いて社会に進出し、アメリカという国を発展させている感がある。彼には中国に帰って才能を生かしてほしいと願う反面、日本で活躍してほしいとも考えるのである。

夕刻になって水路に沿ったレストランへ案内された。東洋のベニスといわれるだけに、町中を水路がめぐり湖が点在する。蘇州の郷土料理は魚、川エビ、野菜が中心で、あっさりした味付けになっており、とうがらしの辛さは全く感じられない。燗をした紹興酒は、淡白な絶品で、同行のYさんと二人で二本あけてしまった。

次の日は寒山寺へ行く。唐代の詩人張継《ちょうけい》の有名な七言絶句「楓橋夜泊」に、「姑蘇城外寒山寺」と出てくるように、唐代には蘇州城から少し離れたところに位置していたが、現在は町の中である。山門前のみやげ物店に、美しい彩色の絹スカーフやブラウスが売られていた。店員に綾絹かと聞くと、そうですとの返事。唐の時代、蘇州は綾絹(呉絹)の一大生産地で、シルクロードからヨーロッパにも運ばれている。円仁の旅行記に下記のようなくだりがある。帰国で長安を出発する際、円仁を途中まで見送ってきた信者が、涙ながらに別れを惜しみ「これが今生の別れとなるが、あの世へ行ってから浄土でもあなたの信者にさせて下さい」と言いながら餞別を渡した。この品は呉絹の反物であったと書かれている。寒山寺は、寺院としてはさほど大きなものではないが、寺の中には、楓橋、詩の石碑、寒山・拾得の石像、雄宝殿横の鐘など広く知られたものが多い。

上：寒山寺　山門
下：バス車窓の菜の花畑／日本では、一面に広がる菜の花畑は春の風景の代名詞になっている。中国においても各地に広大な菜の花畑の名所があり、観光客の目を楽しませている。また菜の花は、中国で古くから詩や唱歌の中で詠われているのも、日本と同じである。中国野菜として知られるチンゲンサイは、菜の花と同じアブラナ科の植物で、黄色い花を咲かせるが、中国では青菜《チンツァイ》と呼ばれ、最もよく食べる野菜である。

北固山／北固山から眼下に長江が見える。
劉備はここで孫権の妹と婚礼を行った。

阿倍仲麻呂の石碑／この地よりさらに下流にある長江の港、黄泗浦から日本へ船出した。遣唐使留学生として入唐後 36 年ぶりの帰国の途であった。

（六）『三国志』の舞台「潤州」（鎮江）

潤州は、南北を結ぶ大運河と、東西を流れる長江の交叉点にあたり、物流、軍事のかなめであった。『三国志』の時代、孫権が呉の首都を蘇州より潤州へ移した結果、この地を舞台にして多くの物語が生まれたのである。『三国志演義』では、劉備が呉と同盟を結ぶため、孫権の妹、孫尚香を妻に迎えるくだりがある。少数の家来を連れ、敵地の潤州に乗り込んだ劉備は、歓迎の宴席で孫権に暗殺されそうになるが、孫権の義母呉国太の取りはからいで難を逃れ、結婚にこぎつける。二人の婚礼が行われたとされる北固山の甘露寺へ行ってみた。この山は標高こそ五十メートル程度であるが、峻険な地形で、眼下に長江を見下ろす頂上は絶壁が連なり、天下の要害になっていたことがわかる。

北固山の尾根すじまで来た時、見晴らしの良い場所に阿倍仲麻呂の石碑が建てられているのが目に止まった。留学生として唐に渡った阿倍仲麻呂は高官の任にあったため、彼の帰国願いは却下されていたが、入唐三十六年目の七五三年、ついに皇帝より帰国許可が下りることになった。鎮江《ちんこう》下流にある蘇州黄泗浦までやって来て、帰国する遣唐使船を目の前にした時には、万感胸にせまるものがこみ上げてきたに違いない。この送別の宴席にて詠まれたのが、名歌「天の原ふりさけ見れば春日なる三笠の山にいでし月かも」である。皮肉なことに、阿倍仲麻呂が乗った船は、日本への帰途嵐にあいベトナムまで漂流、大部分の乗船者が命を落とした中で奇蹟的に助かった。彼は長安に帰還することはできたが、ついに帰国の夢はかなえられず、七十三歳で生涯を閉じている。

金山寺の禁じられた恋

北固山から長江に沿って数キロメートル下流へ向かうと、金山寺である。たくさんの楼閣が、山頂に向かう急斜面を段々にせり上がりながら建っているのが見えた。この寺にまつわる中国の伝説白蛇伝は、中国で端午の節句に演劇として演じられ親しまれている。白蛇が美しい娘になり西湖へやって来た時、ふとしたことから薬屋の店員許仙と恋に落ち結婚。ある時妻の本当の姿を見てしまった許仙は恐くなり、金山寺に逃げ込み僧となる。許仙を慕う新妻は夫を自分の元にとり戻すため巨大な白蛇に変身して大暴れ、寺を水攻めにするという一種の悲恋物語である。現在の中国では、僧侶に対する世間の目は日本に比べかなり厳しく、みんなきれいに頭を丸めており、妻帯は許されない。イケメン僧と若い娘の悲しい恋が現実にあっても、不思議ではない。

刀削めんで失敗

鎮江で、ホテルの近くにある刀削《とうしょう》めんの看板をかけた店に入った。好物の刀削めんを注文し待つことしばし、ハッと気が付いて壁に張られたメニューをもう一度よく見ると、「牛肉炒刀削麺」と書かれている。炒という文字があるからには、もしかして刀削めんを使った焼きソバかと思い至ったが、時すでに遅しであった。間もなく運ばれてきたものは、やはり焼きソバ状態になっていた。自分の頭の中には、刀削めんは熱いつゆがたっぷり入ったもの以外はインプットされていなかったので、失敗の巻となった次第である。

長江を船で渡る

杭州から大運河を通って鎮江までやって来た遣唐使は、ここで長江を渡るべく西津の渡し場に来たのである。このあたりは古い町並みが残された観光スポットになっており、また発掘調査で波止場の石積みが発見され、遺跡として公開されている。タクシーに乗り、西津古渡街から少し上流の

上：金山寺／寺は長江沿いの山の急斜面に建てられ、上からの眺望は素晴らしい。
下：西津古渡街／古くから鎮江側にある長江の渡し場になっていた。

上：**長江のフェリーで**／長江を航行する船がひっきりなしに行き交う。

下：**瓜洲古渡**／鎮江から対岸の揚州まで長江を船で渡ると、瓜洲の渡し場に着く。唐代は、外国の貿易船が出入りする華やかな港であった。

フェリーボート乗り場へ行った。現在鎮江から長江対岸の揚州まで橋が掛けられているので、フェリー乗り場は閑散としていた。一人三元を払って小さなフェリーに乗り込む。宋の時代、成尋は長江を渡った時の光景を次のように記している。「運河の水門を出て長江の対岸に向かう。海のように広く大きい。数百の船がある。兵二十人を乗せた船が（タグボートのように）我々の船を引いて対岸の運河まで送り届けた。遠く金山寺が見えすばらしい眺めである」。長江河口から二百五十キロメートル上流の鎮江周辺は、川幅が数キロメートル程度である。大きな船が頻繁に行き交い海のように広いという印象は、成尋と全く同感であった。船の上で写真を撮っていると、間もなく対岸の瓜《か》洲《しゅう》渡し場に到着した。ここは整備された広い公園になっており、しばらく歩くと瓜洲古渡と書かれた石碑が見えた。『嘉慶瓜洲誌』によれば、ここは長江に形成された大きな砂洲で、瓜の形をしていることから瓜洲と呼ばれていたとのことである。

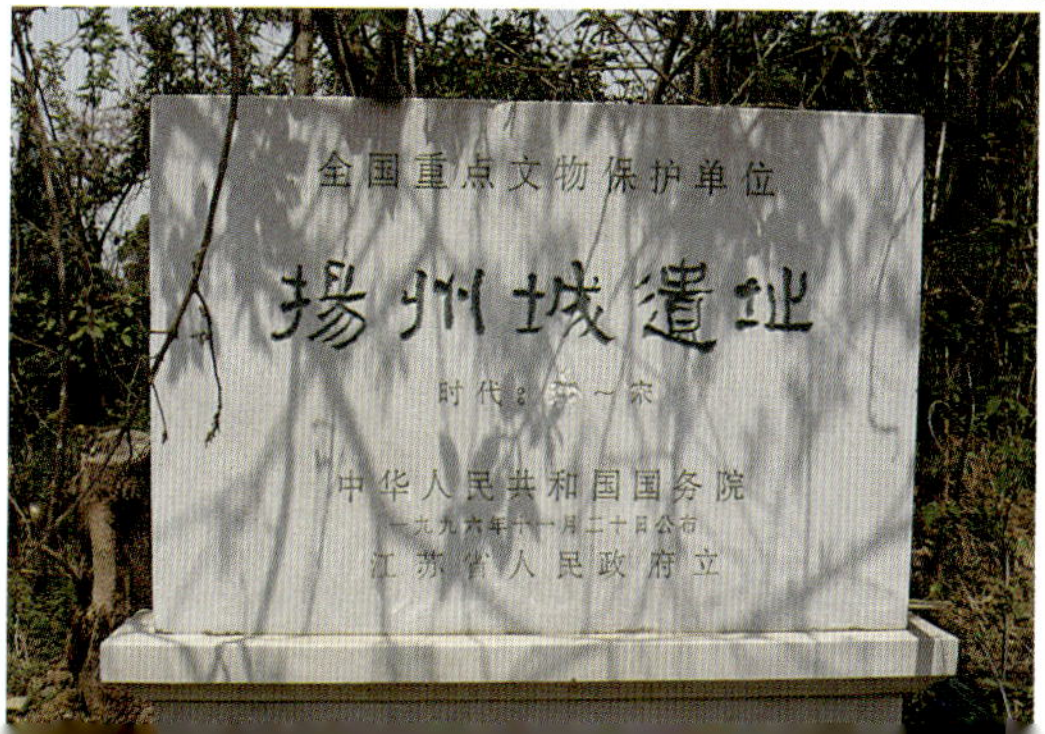

上：栖霊塔から眺めた揚州城の城壁／上方右に見える緑の堤防のような土塁が城壁である。

下：揚州城遺跡の碑／揚州城の城壁に立っていた石碑。

（七）古代の国際貿易港「揚州」

隋煬帝《ずいようだい》が大運河を築いたことにより、揚州は交通の要となり、また最大の貿易港として新羅、日本、東南アジア、遠くはアラビアまで船が行き来することになった。また唐代には、手工業も盛んになったことから空前の発展を遂げ、東南部で最も大きい都市に成長する。古地図によると、揚州城は縦長の羅城の左上に小さな子城をのせた形をしている（図2）。この古地図を現在の揚州市内地図と照合してみたところ、古代揚州城の区域は、市内地図上ではっきり見て取れることがわかった。すなわち古地図の子城は三方が堀に囲まれ、今もそのままである。城壁の東側と南側は古運河が境界線であったが、市内地図上の古運河も同じ場所に位置している。北と西側もしかり。そこで市内地図を用いて古代揚州城の大きさを測定してみると、東西

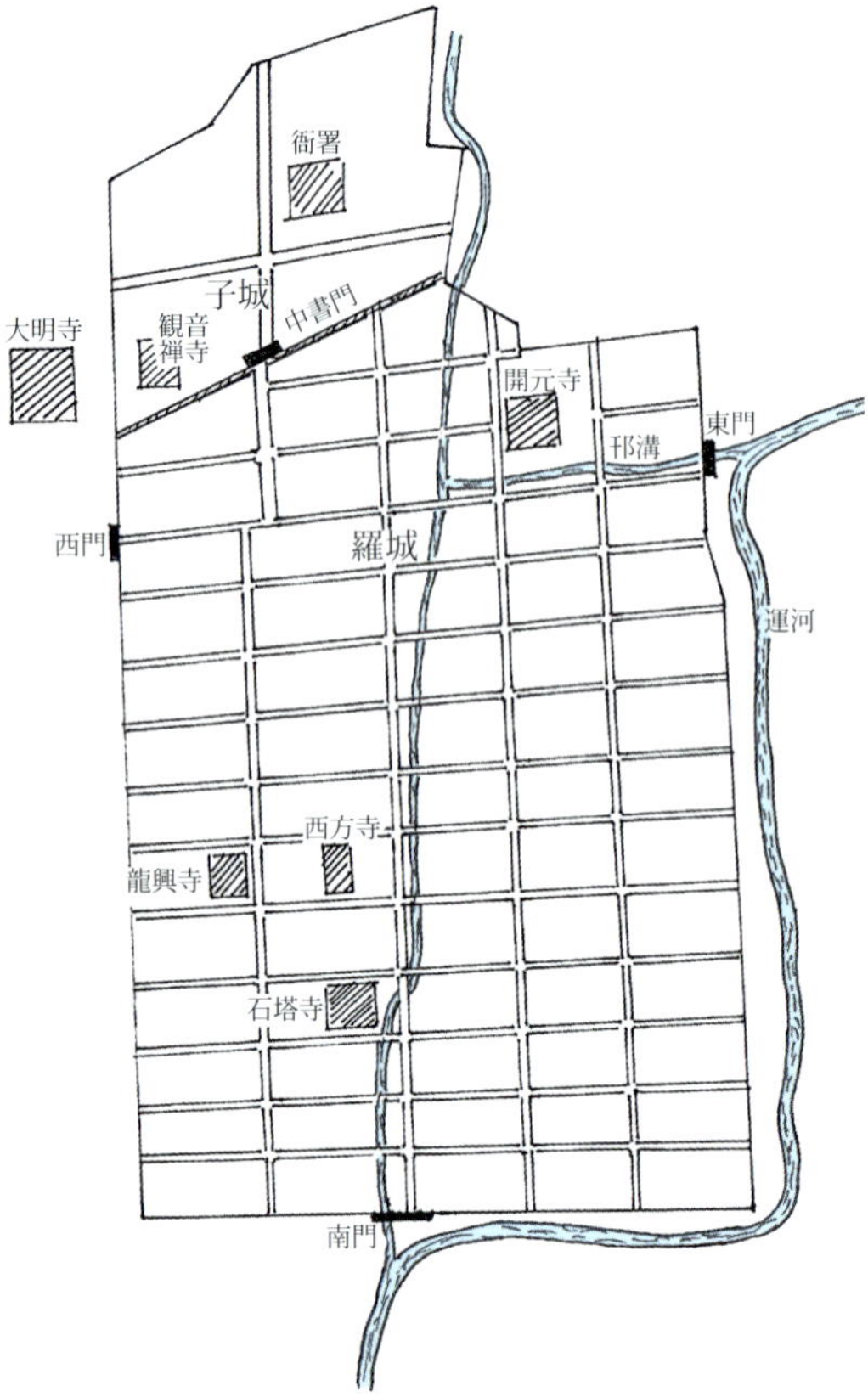

図2 揚州城（唐城遺跡博物館）

三・五キロメートル、南北は子城まで含めて六キロメートルと算出された。

円仁は東西七里(三・五キロメートル)、南北十一里(五・五キロメートル)と書いており、よく一致している。長安に比べると五分の一程度の規模であるが、唐代では有数の大きな都市に相当する。

阿南史代氏の著書に、大明寺栖霊塔から唐代の城壁がよく見えると書かれていたので、塔に登ると目の下に堤防のような形をした緑の土塁があり、子城の城壁であることがわかった。現在子城の西南角には、唐式の城門を再現し唐城遺跡博物館として公開している。博物館を出て、春の光を浴びながら子城の中へ入ると、先ほど塔から見えた土の城壁が現れ、揚州城遺跡の石碑が立っていた。唐代の城壁は元来、突き固めた土で作った土塁のためくずれやすいが、ここは灌木や草が生い茂り、土が保護されたのかもしれない。千四百年間風雨に耐え元の形を保っているようなので、学術的に貴重である。城壁に沿って子城の中を北へ歩いていくと、まわりは農家が散在する畑になっており、人影はほとんどない。三十分ほど行ったところで、やっとバスが通る道路に出た。

(注)唐代の一里はおよそ〇・五キロメートル

揚州から長安の都へ上った遣唐使(第十九回遣唐使の記録)

円仁の旅行記を紐解き、揚州から中国大陸を横切って長安に到達した、第十九回遣唐使の旅を眺めてみる。この記録は、南ルートを経由した数ある遣唐使の記録と大きく異なっていないようで、遣唐使の旅について全体像をよく伝えていると思われる。

八三八年六月十七日、遣唐使第一船と第四船は博多を出発した。しかし風の状態が思わしくなかっ

復元された揚州城の城門

たので、博多湾志賀島付近で、五日間風待ちをしている。第二船は、沈没を恐れた船の責任者が病気と偽り出発せず、新しい責任者が着任後に出発した。第三船はすでに難破していた。

六月二十三日、五島列島を経由し、大海原に乗り出した。円仁が乗った第一船は、五日後に大陸に接近、海が黄色く濁るのを見て長江に近いことを知った。吹きすさぶ強風に右往左往している間に船は浅瀬に乗り上げ、長江の河口に近い海岸で動かなくなってしまった。大波で船が傾き転覆しそうになった上、舵は折れ船板も流された。体が波にさらわれかけたので、手すりに縄を結びつかまる。ここで、船に積まれていたはしけを出し、大使以下少数の者が救助を求めに行くことになった。船がバラバラに四散する寸前の状態になり、恐怖の夜を幾日か過ごした後、七月二日救援の船が到着しやっと上陸。

これでひと安心と思ったのもつかの間、さらに苦難の日が待っていたのである。海岸の村はとてもむし暑く、夜になるといつもブヨや大きな蚊に体中を刺され、円仁は「辛苦きわまりない」と書いている。また、赤痢で下痢をする者が次第に多くなり、ついに船長ら幾人かが死に至っている。

二週間余り待たされたところで、役人は小舟を四十艘持ってきてくれた。運河の幅は六メートルほどであった。小舟を縄でつなぎ水牛に引かせて、二百キロメートル先の揚州に向かい、七月二十六日、揚州に着いた。長安ははるか彼方で、揚州は旅のスタート地点に過ぎないのである。

八月一日、藤原大使は揚州城内にある衙所《がしょ》(役所)へ行き、州都督(州長官)と面会、長安への旅行許可証交付や旅行の手配を申し入れた。都督は長安へ早馬を出し、日本から遣唐使が来たことを伝えるとともに、今後の方針について国の判断を仰いでいる。長安は三千里(千五百キロメートル)の遠方になり、早馬で往復しても二十日あるいは一ヶ月以上かかったかもしれない。また、大使は長安からの返事を待って都督と交渉を重ねることになるので、揚州と長安の間で書簡の往復が何回か行われた可能性もある。交渉は二ヶ月の長きに及び、遣唐使が長安に向け出発したのは、十月五日になってしまった。中国の海岸に上陸を果たしてからは、すでに三ヶ月たっていたことになる。

勅符(国の通達)によると、揚州から長安の都へ上ることが許された者は、計三十五人という厳しいものであった。二艘の船で揚州に着いた三百人のうち、乗組員を除いた百五十人ほどは、大使、学者、留学生、留学僧、技術者集団である。日本側は、これらのスタッフをぜひとも長安に連れていきたいと交渉したはずと思われる。しかし、往復四ヶ月以上の長旅では宿泊、交通に膨大な費用がかかるため、渡唐者の一割しか許可が出なかったのである。

なお、円仁らの第一船と同時に出帆した第四船は、第一船近くの砂浜に漂着し大破した。救助が緩慢であったため、船の上で五人が死亡している。彼らは第一船組よりさらに一ヶ月も遅れて揚州に着き円仁らに合流という、散々な結果になってしまった。また、出発に手間取った第二船は、揚

州より北方の海州に到着との連絡が入った。

遣唐使の一行三十五人は、揚州より五艘の官船に分乗、大運河を北へ進み楚州（淮安）、泗州《ししゅう》（盱眙）、宿州、汴州《べんしゅう》（開封）まで運河を利用したはずである。洛陽から長安までは、馬または徒歩で行ったと思われる。十二月三日長安の長楽駅に着き、勅使の出迎えを受け長安城内に入った。長安までは二ケ月を要したことになる。長安では礼賓院や鴻臚寺《こうろじ》などに宿泊し、皇帝との拝謁を待ったものと思われる。この間留学僧円行は、以前空海が修行した青龍寺に入り、座主《ざす》より胎蔵界の法を受け、写経を行った。年が明け一月十三日五組の外国遣使が宮城に入り、皇帝と面会することになった。拝謁の順列で、日本は南詔国（雲南地方）に次いで二番目にまわされた。日本側で皇帝のお顔を拝見できたのは、大使及び副使格の一人だけであった。

翌月の閏《うるう》一月四日遣唐使は長安を出発し、帰途についた（旧暦のため、この年は閏月が存在し、一月が二回出てくる）。二月十二日楚州着。大使

右：揚州の古運河／遣唐使達は揚州城に隣接するこの古運河を通り長安の都へ上っていった。今では古運河の東 2.5 キロメートルのところに新しく掘削された京杭《けいこう》大運河に役目を譲り、旅行客を乗せた観光船が行き来するだけである。
左：開元寺があった友誼路／竹西中学校に隣接する友誼路のあたりは、閑静な住宅地になっている。

はすでに大破している遣唐使第一船、第四船を放棄、代わりに小型の新羅船九艘をチャーターし四月に出航したものの、海が荒れて三ヶ月間山東半島の海岸をさまよったあげく帰国した。楚州につながれていた遣唐使第二船は、帰国途上で嵐に遭い大破、南海の島に漂着し、生き残った一部が日本へ帰還した。この旅をふり返ると、八三八年六月日本を出航、七月中国に上陸、十月に長安に向け出発、十二月長安に到着し二ヶ月間滞在、翌年七月山東半島の先端から出航し日本に帰着できたもので、一年あまりの苦闘であった。

円仁が逗留した開元寺

円仁は延暦寺で最澄により伝法灌頂《でんぽうかんちょう》を授けられ、寺で高い地位についた後、遣唐使の請益僧（短期修行僧）として揚州に入った。ここで円仁は、師の最澄と同様に天台山で修行すべく旅行許可証を衙所（役所）に申請したが、都督は頑なな官僚で、勅許が出ない限り何もできないというばかり

円仁の石碑／円仁は開元寺で、天台山へ行く旅行許可の勅許を待っていた。開元寺跡地の竹西中学校に慈覚大師の記念碑が建っている。

であった。大使も再三円仁のために交渉してくれたが、遠く離れた長安からはなかなか勅許が届かなかった。

円仁は、百人余りの僧を有する大きな開元寺に住み、高僧の講話を聞いたり写経をしたりの毎日で精力的に唐の仏教を吸収した。また絵師を雇い、仏画の模写も行っている。時には持参した砂金を穴のあいた開元銭に両替し、たくさんの僧のために食事会を催すこともあった。会話は不自由なので渡唐後かなり長期間、筆談を用いていたようである。揚州城遺跡の項で述べた方法で、古代の揚州城地図と現在の市内地図を照合すると、古代地図上の開元寺は竹西中学校と学校に隣接する友誼路のあたりになることがわかった。阿南氏の著書には竹西中学校の校庭に円仁の石碑があると書かれていたので、学校まで行ってみると、門が閉まっておりシーンと静まり返っている。日曜日であったと気が付き、やむを得ず門のすき間から写真を撮っていると、守衛らしきおばさんが顔をのぞかせたので、しめたとばかりに用件を伝えた。間もなく当直の先生が呼ばれ、石碑まで案内して下さった。広々とした立派な学校で緑地の中に、「慈覚大師（円仁）求法之地」と書かれた石碑が立っていた。

鑑真と大明寺

隋、唐の時代に躍進した揚州には、大きな寺院が多く建立されている。大明寺もその一つで、五世紀の大明年間に創建されたのでこの名がある。なんといっても、大明寺で日本人になじみ深いものは鑑真記念堂である。一九六三年鑑真没後千二百周年の式典時、日中の関係者が集まり大明寺に記念堂を建てる計画が持ち上がり、一九七四年に落成を迎えた。奈良の唐招提寺金堂は、鑑真が自ら設計し、唐の工人が中心となり建築したものであるが、この記念堂は金堂を彷彿させると聞かされた。屋根の両側に凛と立つ一対の鴟尾《しび》は、火と水の災いから建物を守る願いが込められているとのことである。

大明寺栖霊塔は、仏教に信の篤い隋文帝の命により、仏舎利を供養するために建てられたといわれている。九層七十三メートルと高いので登るのに骨が折れるが、市内を一望のもとに見渡すことができる。

鑑真渡海

仏教は五三八年日本へ伝来後、天皇から大切にされ次第に隆盛を見たが、一方で租税や役務逃れのために僧を名乗るなどの弊害も目立ち始めた。僧の粗製乱造を無くすには、僧の正式免許ともいえる具足戒の制度を確立することが必要になったのである。しかしながら具足戒を与えるためには、資格のある十人の僧が必要であった。当時の日本には、唐に渡り正式に具足戒を受けた僧はごく少数で、十人という必要な数を揃えることはできなかった。

そこで、唐から高僧を招聘することになり、天皇の命により二人の若い僧、栄叡と普照を唐に派遣した。七三三年二人は遣唐使船に乗り蘇州に上陸、洛陽で具足戒を受けた後長安に達した。その後揚州に足を運び、大明寺で講義を行っていた鑑真に日本行きを訴え出た。鑑真は「山川異域、風月同天（山や川は異なっても、風や月は同じ天にある）……」という有名な長屋王の言葉を引用し、共に縁を結びましょうと渡海を承諾したとのことである。これに対し弟子達は、「彼の国はとても遠く命の危険が大きい。青い海原が果てしなく広がり、百に一つの成功も望めない」と反対。

実際に鑑真は、日本に渡る船が長江河口で難破、寧波付近で沈没し漁民に救助される、難破しはるか海南島まで流されるなど、絶体絶命の恐怖を何回も体験している。渡海失敗をくり返す間に十年が過ぎ、失明に至る。しかしながら、これらの厳しい逆境は、「仏法のためであれば何を命が惜しいものか」という尊い仏への帰依を身をもって世の中に示したことにもなり、付き従う弟子は少なくなかった。

七五二年には第十二回遣唐使船に乗り、六度目の渡海にして、ついに日本に渡ることに成功した。奈良に至り天皇から、授戒（具足戒を与えること）はすべて鑑真にまかせるとの勅を受け、東大寺に戒壇を作った。仏教伝来後、初めて授戒の制度が出来上がったのである。鑑真は、医学、薬学の知識も卓越しており、また帯同した建築技師、仏師、絵師達が日本に先進的な技術を伝えている。鑑真の功績は、日中交流の歴史始まって以来の、大型文化使節グループの来日をもたらしたことともいえよう。

1：鑑真大師像／鑑真記念堂の正面に置かれている。奈良時代に唐招提寺で作られた大師像は、1980 年寺の第 81 代、森本孝順長老に伴われて、大明寺に里帰りしたことがある。

2：大明寺鑑真記念堂

3：揚州旧市街／古代揚州城があった旧市街は、古い町並みが保護され静かな佇まいである。

4：揚州の長距離バス駅／日本の新幹線駅ほどもある巨大さには驚いた。中国は長距離バスが発達し、どの駅も大きい。バスの便数が多い上ダイヤが正確で、またほとんど座席指定になっているので人気が高い。

koyu

高郵の鎮国寺／大運河に面して建っている。

(八)大平原を貫く大運河「高郵」

揚州で長距離バスに乗り五十キロメートル先の高郵《こうゆう》に向け出発した。バスは終始、京杭大運河の堤防上を走ったので、遣唐使ルートを調査している我々には好都合であった。ほとんどの船は、砂利などの重量物をいっぱいに積んでいるため、喫水線が船端ぎりぎりまで上がり、沈まんばかりになっている。海を利用する日本では見られない光景であるが、運河は波がないので安全性が高いのであろう。現在、京杭大運河を通る船は大きくなり、通行量も多いので、運河の幅は百メートルほどもある。成尋は揚州で運河の幅を二丈(六メートル)と書いているが、これでは船が大きいとすれ違いはできない。単線運行のように、退避場所が作られていたのであろうか? 宿州付近の大運河発掘調査では、幅はおよそ四十メートルとされているので、唐代の大運河は広さが一様でなかったと思われる。

唐代、揚州を出た遣唐使は、楚州に向かって直線的に伸びる大運河を通っている。円仁らの場合は、百四十キロメートル離れた楚州(淮安)まで五日間かかっているので、一日当たり三十キロメートル弱進んだことになる。宋代成尋らは、同じコースを辿り四日間で到着している。船には帆が付いており、追い風が強ければ速く走るが、風がなければ人や牛に引かせるので時間がかかる。現在揚州・高郵間の運河は典型的な天井川になっており、水面の高さは平屋の家の屋根ほどになっている。このため運河と平野を流れる川の接続には閘門が設けられている。バスは二時間ほど走って、高郵に到着。小さな町であるが歴史は古く、紀元前秦王朝時代にこの地に高台を築いたことに始まる。唐の時代には揚州と楚州の間にある大運河の駅として栄え、また十三世紀には、マルコ・ポーロも高郵が大きな町でにぎやかであると紹介している。

七七七年第十二回遣唐使の時には、高郵でとんでもない事態が発生している。東野治之著の『遣唐使船』によれば、大使以下六十五人が長安を目指し揚州を出発、高郵に来た時に突然長安から国の書簡が届き、都へ上る人数を二十人に削減せよとの指示が出たのである。驚いた大使らはさらに折渉を重ね、四十三人まで認めてもらい出発したとのことである。選にもれた二十二人は揚州へ戻ることになり、身もはり裂けんばかりの無念さであったと思われる。

唐代の八八〇年創建になる鎮国寺には高い塔があり、南の大雁塔と呼ばれている。寺は大運河に接して建てられているが、東には大平原が広がっており、西は高郵湖で、このあたりには高いものは何もない。大運河を船で来た人には、さぞかしこの塔が目立ったことであろう。

1：**バスの車窓から見る大運河**／大運河で、揚州から楚州までの部分は、唐代には邗溝と呼ばれていたが現在は京杭大運河の名が付いている。揚州を出発したバスは、終始大運河の堤防上を走った。
2：**京杭大運河（高郵）**／鎮国寺から見た大運河。幅は広く100メートルほどもある。
3：**文遊台の庭園（高郵）**／宋代創建、文人達が多く集ったのでこの名がある。

2

3

文通塔／楚州城の北西隅には官寺の龍興寺があり、境内に文通塔が建っていた。古運河に接しており目立つ場所にあるので、遣唐使にも見えたはずである。

(九)大運河漕運の総元締め「楚州」

唐代の楚州は、大運河を介する食料や塩の大集散地であり、また淮河を経て近くの海に通じているので、貿易港としても繁栄していた。唐政府はこの重要拠点を管理するため、楚州に直轄の総督漕運公署を置き、大臣を派遣する力の入れようであった。当時の組織は国から派遣された二百人以上の文官、武官のもとに、倉庫、造船所、水軍など二万人を擁する大規模なものであったという。

『続日本紀』によると、七〇二年第八回遣唐使は、楚州近くに着いている。この時唐人が来て、どこから来たのかと聞かれたので、日本国の使者であると答えた。一方唐人に対しここは何州になるのかと質問すると、楚州塩城県と教えてくれたとのことである。また第十九回遣唐使第四船も、楚州近くの海州(連雲港)に着いている。

淮安府署展示室の古代楚州城復元図をもとに推定すると、楚州城の西に接する大運河を船でやって来た人は、西門の水門をくぐり城壁内に入った後、西門大街を一キロメートルほど行ったところにある総督漕運公署で通行許可の手続きをしていたと思われる。現在の西門大街の道路は、この公署遺跡の北側になっているので、唐代の西門大街は現在より南の鎮淮楼西路あたりに位置していたと考えられる(図3)。楚州に着いた後、まず総督漕運公署遺跡へ行く。建物の礎石や壁が発掘され、そのままの形で展示されている。ここから西門大街の道を一キロメートルほど歩いて、古運河まで行ってみた。歴史を感じさせる古運河は水草が静かに漂っているだけで、船の姿は見えなかった。すぐ近くの新しい大運河に、地位をゆだねているのである。遣唐使達が通ったと思われる水門は、

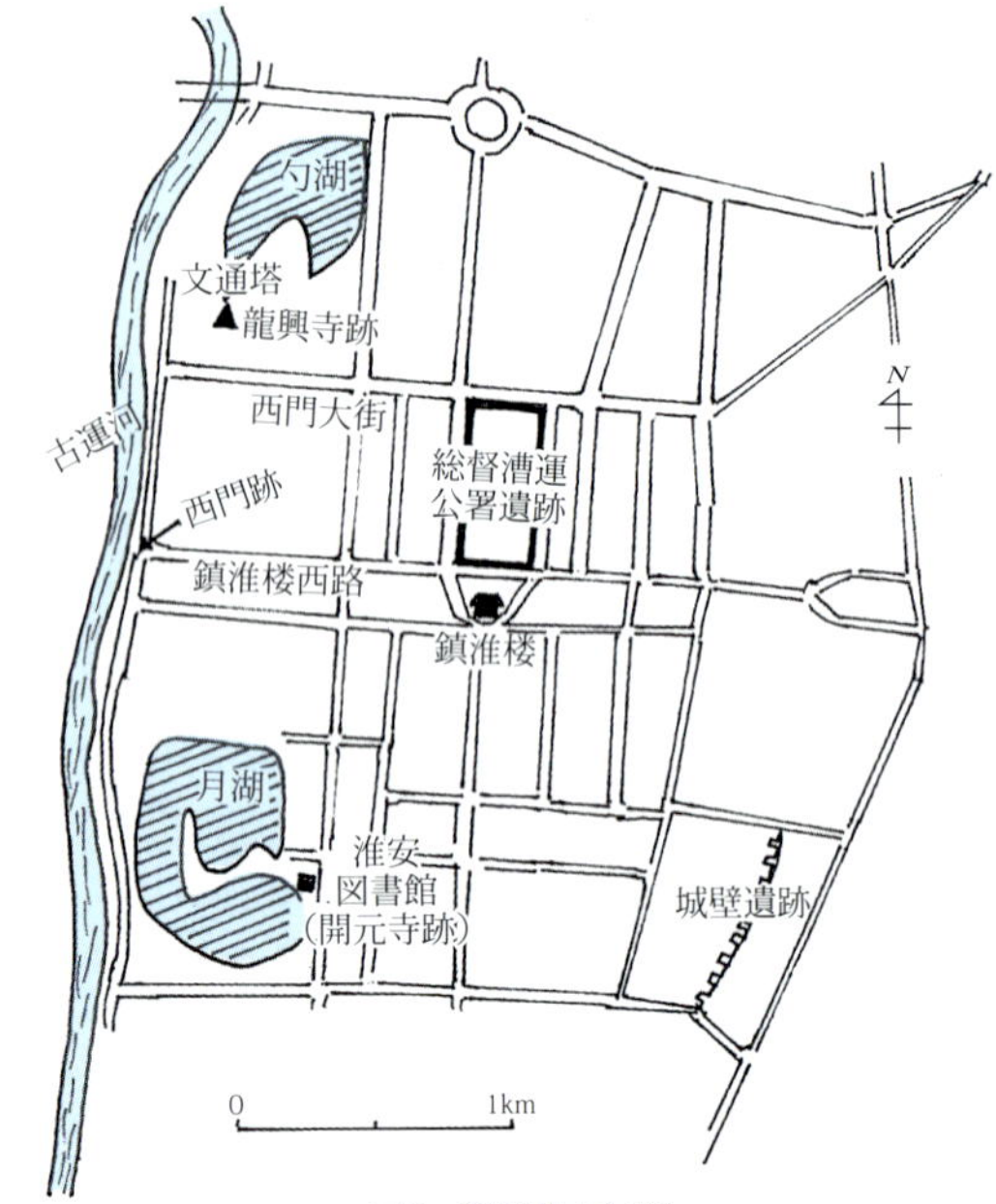

図3　楚州旧市街

古代楚州城の城壁は、西は古運河、東は城壁遺跡、北は勺湖、南は月湖の外側に位置していた。図に示した旧市街が丁度城壁内に相当する。2キロメートル四方ほどの城であった。

ここから少し南にあったはずである。近くには、古運河に隣接する小さな勺湖があり、高い文通塔が建っている。七〇八年唐中宗の時に創建されたもので、遣唐使達にも見えたことであろう。

八三九年円仁は楚州の開元寺でしばらく過ごした後、遣唐使と共に帰国せず、あえて法にそむいて唐に残留する道を選択した。渡海目的の天台山へ行かずに帰ることは、どうしてもできなかったのである。大使にこの旨を書面にして渡したところ、仏法のためであればあえて反対しないと、了解を得た。円仁が唐残留を決心した後の四ヶ月間、山東半島の先端部で事態が二転三転した。ついに南の天台山は取り止め、北方の五台山を経て長安の都に入る、世紀の大旅行に踏み出すことになる。従来開元寺の場所は不明で、楚州城復元図にも示されていないが、阿南氏により解明され、淮安図書館のあたりと書かれていたので行ってみることにした。図書館は古運河沿いの月湖に面しており、まわりは古い民家が建ち並ぶ閑静な住宅街になっている。大きなプラタナスの街路樹が枝を伸ばしてのんびりした時間が流れている。係員に開元寺について聞いてみたが資料はなく、代わりに楚州博物館を紹介してくれた。博物館宣伝部の陳冬さんから楚州の考古学的資料を戴いた後、淮安府署に案内され、古運河と漕運に関する展示を説明してもらった。これにより、円仁時代の楚州の理解は一気に深くなった。

舶来品のはしり

遣唐使の目的は表向き、皇帝への拝謁、留学生派遣、先進技術の修得などであった。しかし、貴重な医薬品、香料、工芸品、書物などを持ち帰ることも大変重要な目的であった。唐の時代には交易の禁制品が多かったので買い物で苦労し、皇帝に特別の許可を申請することもあった。円仁の記録によると、遣唐使達は長安で求める品が買えなかったので、帰路に期待をかけたが、遣唐使の世話をする担当役人が監視の目を光らせていた。買い物をしようとすると、すぐに太鼓を打ち鳴らして出発させるので、何も買えなかったと書かれている。そこで大使は、帰りの船が出る楚州に近い揚州へ、十人余りの買い物係を派遣している。ところが、買い物係達は禁制品の購入が露見し、次々と逮捕されたのである。またある者は買い物が見付かり、開元銭の大金をその場に放置し、逃げ帰っている。結局帰国の時にはみんな放免されているが、取り締まりは非常に厳しかったようである。

遣唐使が持ち帰った貴重な品々は、天皇に献上され、寺への奉納や大臣、貴族へのおすそ分けがなされた。余ったものは宮中でオークションにかけられ奥方の目を楽しませ、その一部は市中へ出まわり売られている。いわゆる唐物、舶来品のはしりである。

なお遣唐使の渡航は八三八年で終了したが、航海技術の進歩により人の往来、通商はかえって増加し途切れることなく現在まで続いている。江戸時代には中国からの輸入品は唐物と呼ばれ、

2 1

4 3

1：**総督漕運公署遺跡**／発掘された巨大な門の礎石、建物の土台、石畳などがそのまま展示されているので、規模の大きさがよくわかる。
2：**古運河**／西門大街付近の古運河。船でやって来た遣唐使は、この近くにあった西門の水門をくぐり、漕運公署で通行許可を申請したと考えられる。
3：**月湖に面した淮安図書館**／円仁が過ごした開元寺は、この図書館のあたりにあったらしい。フェンスの向こうは月湖。
4：**楚州城の城壁**／楚州は水運と貿易方面では、揚州と同様に中枢的地位にあったが、楚州城は2キロメートル四方ほどで、揚州城の5分の1程度にすぎない。これは、産業の勃興がなく人口も少なかったためと思われる。現在、楚州の東南部に楚州城の城壁が再現され、当時の面影をしのぶことができる。

伊達男、若い娘にとってあこがれの的であった。明治に入ってからもこの傾向は続き、陶器や家具を唐物であると客に自慢する様が小説にも登場する。

究極の脱炭素社会を実現した楚州

現在の楚州はこぢんまりした町で、日本の小都市のサイズである。町の中は静かで空気がすがすがしい。楚州は電動三輪車や電動バイクが主流で、ガソリン車はほとんど走っていないのである。タクシーはもちろん電動三輪車で、遠方へ行く時だけは町の中心部で客待ちしているガソリン車のタクシーを利用する。化石燃料の使い方がまことに巧みであるといえよう。日本の中小都市は車社会になり、バスの利用者が減少してしまった。この結果バスの運行回数が極端に少なく、どこへ行くにも車を使わざるを得なくなっている。また、ちょっと近くのコンビニまで買い物にという時でも、化石燃

右：電動三輪車タクシー／楚州市民の足は電動三輪車や電動バイクである。自転車は少ない。
左：小さな充電ステーション／中国では町のいたるところに電動車用の充電ステーションが置かれている。

料を燃やす一トンもの鉄の車を使うことも少なくない。これには車が増え過ぎたために、自転車に乗るのが危険という事情が背景になっている。現時点の日本で、これ以上世の中を便利にする努力がそんなに必要であるとも思えない。楚州に見るシンプルな社会、スローライフ実現も一つの選択肢であろう。

楚州料理

一統江山　ふぐ、豚肉、もやし、きゅうりなどが入った山椒風味の鍋料理
絹瓜茶麺　油で揚げたうどんとうす切瓜の煮物
平橋豆腐　小さく切った豆腐入りの、とろみのあるスープ
開洋蒲魚　蒲の茎と小えびの煮物

がま……蒲というものが食用になるとは知らなかった。ねぎ程度の太さで、白い根茎は煮るとやわらかくなる。楚州は海に近いので、料理に海水魚が出てくる。蘇州は辛さは全く感じないが、楚州では味付けに多少の辛さを加えている。

shishu

上：泗洲城遺跡／水路の向こうに広がる畑と木立の下に、泗洲城遺跡が眠っている。
下：淮河／淮河をまたぐ淮河大橋に立って淮河を眺める。右の木立は淮河の川中島で、この土中に泗洲城が埋没している。左側は盱眙の町。

(十)中国のポンペイ「泗州」(盱眙)

長安に向かう遣唐使は揚州から大運河邗溝を通り楚州まで来ると、次に泗州《ししゅう》を経て大運河通済渠に入ることになっていた(図1)。円仁は日本への帰途、長安から揚州へ向かう際に泗州を通過している。当時泗州の普光王寺は、皇帝武宗による仏教排斥令のため、破滅の危機に直面していたので、次のように書いている。「泗州普光王寺は天下に名高い寺であったが、今は荘園、金銭、奴婢は官に没収され、寺はさびしく人の姿は見えない」。一方成尋は宋代に、南ルートをたどり楚州から泗州に着いている。泗州の役所差し回しのかごに乗り、普光王寺に向かった際、珍しい品やいろいろな食物を売る店が軒を連ね、千とも万ともつかない人が道にあふれていると書いている。僧伽大師の塔は八角十三層で、高さ四十五メートルほど、屋根は黄色の瓦が葺かれていたことや、宝殿、大仏殿などの規模が大きくきらびやかであった様子を詳しく記録している。

大運河通済渠が淮河に連結する要衝であった泗州は、唐代に発展を遂げ、宋、明代まで繁栄が続いた。しかし清代の一六九六年、黄河大洪水で都市が泥の下に完全に埋没、突然歴史から姿を消してしまった。三百年余り前の状態がそのまま凍結状態で残されているのは、世界的に稀であるといわれている。発掘調査により、遺跡の場所は淮河の川中島にある、小洲灘から城根灘周辺であることが判明している。泗州城は東西九百メートル、南北千メートルの楕円形で、外城は城壁と濠に囲まれていた。調査で城門、レンガ舗装の道路、普光王寺の僧伽塔基壇、瓦、香炉なども出土している。盱眙《くい》歴史博物館で、泗州城の復元図など詳しい説明を受けた後、盱眙中心部から数キロメートルと近い場所にある川中島へ向かった。淮河は広大な川で、川をまたぐ淮河大橋の下が川中島になっていた。このあたりは畑や深い木立で、遺跡は発掘途中のために未公開とのことであった。

官道と駅制度

現在の国道に相当する道路は、古代に官道と呼ばれ政府役人の旅行、兵及び物資の輸送に使われていた。その歴史は古く、『周礼』の中に官道と沿道の駅館に関する記載が見られる。唐の時代、中央政府は駅を管理する館駅使という組織を持っていた。幹線の官道には三十里(十五キロメートル)毎に一つの駅を設置する規定になっており、駅夫と馬が置かれ、運河の水駅には官の船が準備されていた。政府書簡の送付、軍事情報の伝達など郵便業務も駅が行っていた。これら官の運輸、郵便、宿泊業務を一手に行っていたのが駅で、全国の官道と駅制度を通じ、広大な国土を隅々まで管理していたといえよう。

この制度では駅間の距離が遠く離れている場合もあったが、十里から二十里毎に簡単な食事や宿泊を提供する民営(または官営)の「店」が作られ、欠点を補っていた。大運河には十~二十里毎に倉舗と呼ばれる官用の宿場のようなものを置き、店と同様に駅の補助をしていた。規模が大きく、すべての設備が整っている官用の宿場が駅で、一方簡便で官、民共用したものが店(舗)と考えられる。駅は交通の便が良く重要な場所であったので商業も発達し、駅の周辺に小さな民用の旅館が作られることもあった。このような場合は駅と店が併存したケースである。なお唐代には速達業務として早馬も使われており、疾走で疲労した馬を乗り替えるため、駅以外の場所にも一定の間隔で馬を置いていたと推定される。楊貴妃が好んで食べたライチは、このような速達便で広東から届けられたとのことである。

遣唐使の旅を見ると、南ルート三分の二の行程は大運河を政府の官船に乗って行くものであった。この官船は十人ほど乗れる大きさと思われるが、船曳人夫（または牛）に牽引されて進み帆も併用していた。一方官道を通る際、馬は多くなかったので遣唐使の幹部以外は徒歩であった。たくさんの荷物はロバで運んでいた。北ルートでは運河は少なく、主として官道を歩いて旅行した。

古運河の宿場「舗」と古代旅行記より、埋没古運河のナゾにせまる

東京・大阪間に相当する長大な通済渠は、南宋時代の大洪水後、地中深く埋没し八百年間放棄された結果、古運河がどこを通っていたのかわからなくなってしまった。開封から宿州を通る説と、開封から東へ向かい徐州を通るとする二つの説が対立し、長い間謎とされていたのである。近年、柳孜での古運河発掘は大きな反響を呼び、ルートの解明はかなり進んだが、なお未知な部分が多く残されている。

筆者は、遣唐使が通った通済渠ルートの現地調査へ向かう前に、現代の地図上に残っている古代の地名「舗」に着目し、ルートの解明を試みた。また一方で、通済渠を船で通った円仁、成尋らの旅行記も調べた。ある都市を船で訪れたということは、そこに運河が存在した証拠になるのである。

古運河の存在が予想される省道（県道に相当）沿いで、舗の字が付く集落を捜した結果が図4である。舗の集落間の距離を測定してみると、四〜五・七キロメートル（平均五・〇キロメートル）であった。「里」に換算すると平均十一・一里になる（図5）。十一・一里は倉舗間の距離十里に近く、明らかに規則性があるので、これらの集落には古代に運河の宿場倉舗あるいは馬舗が置かれていたと考え

られる。

次に、運河を通った三編の旅行記を検討した。円仁は八四五年、開封から船に乗り通済渠を下って、九日間ほどで泗州に着いている。開封では副長官が雇ってくれた船に乗り、二十キロメートルほど離れた陳留まで進み、その後は各県毎に自分で船を雇って旅をしたと書いている。彼の記述によると、開封から泗州までの全行程を船に乗って運河を下ったと考えられる。また円珍は、円仁と同様に長安からの帰途、開封の西にある大梁より船に乗り通済渠を下っている。臨淮を過ぎ通済渠から淮河の下流に入り、川を遡行して少し上流の泗州城に行ったようである。成尋は円仁、円珍とは逆に泗州から開封まで船で上り、毎日の記録を詳細に書きとめている。上記三人が訪問した古運河の町をピックアップし、図4に記入した。円仁は泗州、陳留、開封、また成尋は泗州、泗洪、通海村、泗県、大店、宿州、永城、商丘《しょうきゅう》、睢県、陳留、開封に立ち寄っている。円珍は、泗州、開封を訪問している。図のごとくこれらの町は省道沿線に存在していることがわかる。古運河の宿場、舗が付く集落（○）と、旅行記の運河の町（●）の二つを線上につなぎ合わせることにより、通済渠は泗洪から開封まですべて省道に沿って走行していたことが明らかになったのである（図4）。

舗の名を持つ集落と古代の旅行記の二つをつなぎ、埋没古運河の走行をさぐる方法は、あまり用いられていないようである。そこでこの方法がどの程度正確かを、実地調査や発掘調査と比較した。現存古運河の走行、古運河堤防の走行、発掘記録の三者を調べた結果、運河の東半分すなわち泗洪から永城までは、ほぼ省道に沿っていることを確認した（図6）。西半分について筆者の方法が当を得ているかどうかは、後の発掘調査を待ちたい。なお省道沿いに古運河が埋没している理由については、以下のように考える。大運河は交通量が多かったので、沿線に多くの集落が作られた。宋代に運河は廃棄され埋没したが、集落を結ぶ堤防の道はそのまま使用された。このルートが引き続いて省道になったので、古運河は省道沿線に存在しているのであろう。

五舗
＞5.7km（12.6 里）
四舗
＞5.1km（11.3 里）
西三舗
＞4.8km（10.6 里）
西二舗

東二舗
＞5.1km（11.3 里）
朱仙庄
＞5.1km（11.3 里）
東四舗

劉舗
＞5km（11.1 里）
十里舗

東十里舗
＞5.5km（12.2 里）
城関鎮舗
＞4.0km（8.9 里）
西十里舗

図5　古運河宿場の名を持つ集落間の距離
（図 5 では 1 里＝ 0.45km で計算した。またこの項以外では簡易的に 1 里＝ 0.5 km で計算した。）

図4「舗」が付く集落、古代旅行記古運河の町と省道の関係

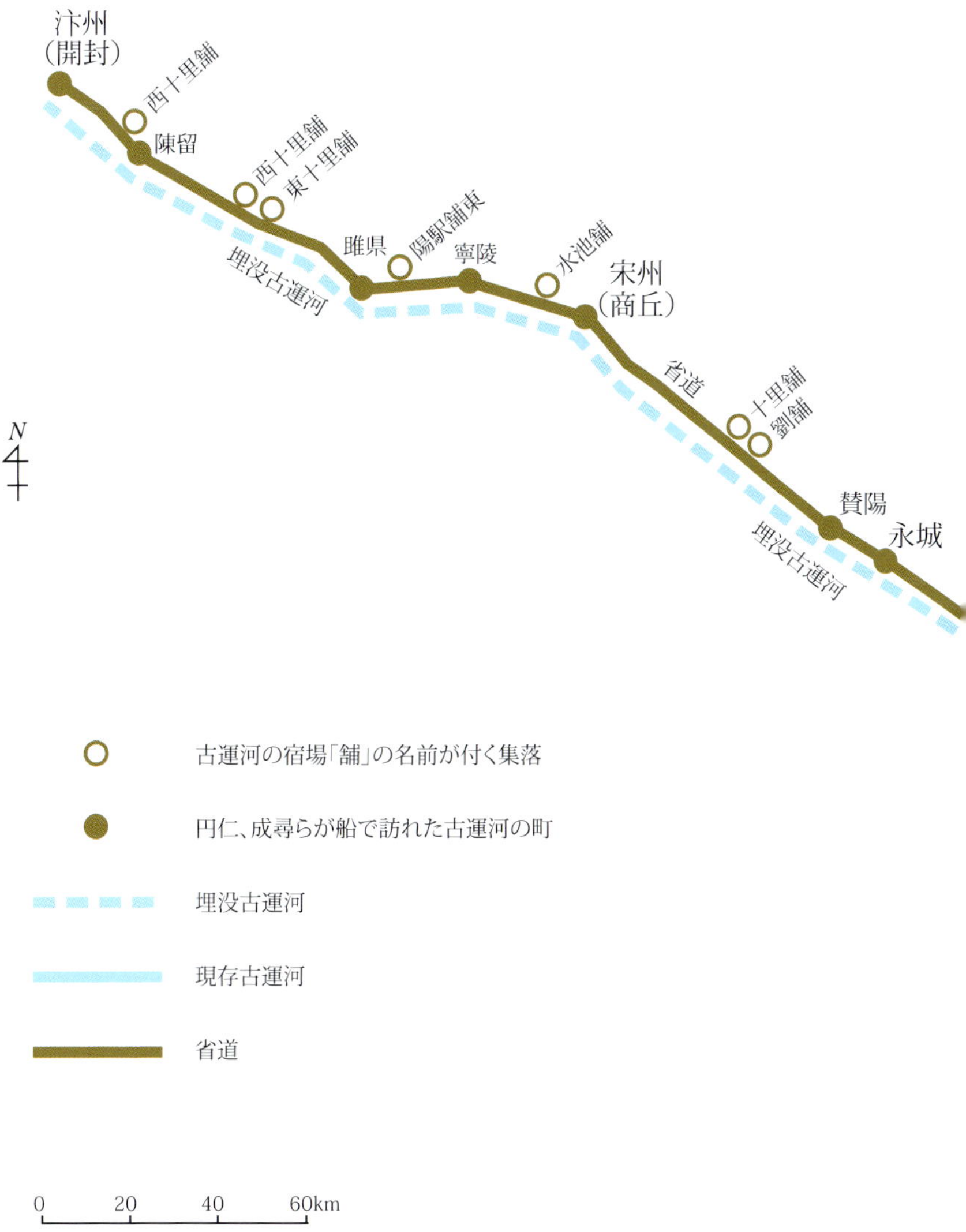
汴州
（開封）
西十里舗
陳留
西十里舗
東十里舗
睢県
陽駅舗東
寧陵
水池舗
宋州
（商丘）
埋没古運河
省道
十里舗
劉舗
賛陽
永城
埋没古運河
N
古運河の宿場「舗」の名前が付く集落
円仁、成尋らが船で訪れた古運河の町
埋没古運河
現存古運河
省道
0
20
40
60km

生きている古運河（泗洪部）／両岸に木立が深く茂り、古運河の風格がある。川の中に棒を立て網で囲って、養魚場にしている。運河のまわりは田園地帯になっている。

（十一）大運河の宿場「青陽駅」（泗洪）

泗洪《しこう》ではまず博物館へ行き、館長の江楓さんから大運河通済渠について話を聞かせてもらった。泗洪地区には、泗洪から臨淮まで三十キロメートルにわたり、古運河が埋没せずに残されている。ただし、運河周辺の組織的な調査や発掘は行われていないとのことで、出土物による運河の年代決定など詳細については今後の課題である。

宿泊しているホテルの中に旅行社があったので、車とガイドの手配をお願いした。どこへ行きたいのかと聞かれたので、泗洪の古運河と答えると、女性店長は驚いたような顔をして、車は出せないと言う。古運河は現在、魚の養殖などに使用されているだけで、見る物は何もないとのことであった。我々の目的を説明するが、全く取りあってくれないので退散した。小さな町では他の旅行社を捜すのは容易でない。しかし流しのタクシーは考古学調査に向かない。三十分ほど待って再度旅行社へ行ったところ、なんとか了解を取りつけることができた。ガイドに泗洪の町の歴史などを教えてもらおうと考えていたがガイドはできないとおっしゃる。泗洪のガイド虎の巻を見せてもらったところ、古運河のことはしっかり書かれているのではあるが、この部分はガイドをした経験がないそうである。古運河の起点から調べることにして、運転手に世紀公園へ行くよう指示する。古運河はこの公園のところで濉河から枝分かれし、運河の起点になっているのである（図7右）。運河は、幅が六十～七十メートルと広く、コンクリートの護岸には大きな木が茂り、新緑が目に鮮やかである。運河は一直線で、南の洪沢湖に向かって延びている。市の中心部を過ぎると護岸はなくなり、岸辺に草が生い茂った自然の川のような状態であった。運河の中には竹棒を立て網を張っただけの簡単な養魚用の囲いが、所々に見受けられる。船の姿は全く見えず、運河として使用されていないことがわかった。三十キロメートル走り臨淮の集落へ来たところで、運河は洪沢湖に流入し突然なくなってしまった。ここが運河の終点である（図6右、地図と航空写真参照）。

『泗洪ガイドABC』という本によると、大運河通済渠は唐代には、泗洪から臨淮を通り、泗州付近で淮河に接続していた。成尋の記録では、泗洲を出発し三日間で青陽《せいよう》（泗洪）に着いている。この道中では、水の流れが速い運河を川上に向かったので、大部分の行程は船を引かせて進んだと書かれている。現在泗州（盱眙）から臨淮に至るルートは洪沢湖の中に沈んでいる（図6・7）。洪沢湖周辺は古来低湿地であったが、一六九六年の大洪水で広い範囲が水没している。現存する古運河の走行と成尋の記録から推定すると、臨淮から泗州までの大運河は、この大洪水で湖にのみ込まれてしまったのであろう。

成尋は青陽駅から運河を四十二里（二十一キロメートル）進み、通海鎮に泊まったと書いている。通海鎮は現在通海村という同じ地名が残っているので、位置は判明した（図7）。通海鎮の場所がわかったので、古代の青陽駅が現在の地図でどこになるのかをさぐってみた。そこで成尋の記載をもとに通海村から泗洪に向かい、地図上で二十一キロメートル辿ってみた。通海村から二十キロメートルのところに世紀公園（古運河の起点）があった。ごくおおざっぱな見方をすれば、青陽駅は泗洪の世紀公園あたりに相当するようである。公園付近には泗洪の市役所もあり市の中心地になっている。

上：泗洪の古運河起点／濉河から枝分かれして、運河の起点になっている世紀公園（塔が立っているところ）。公園付近には泗洪県の役所もあり、町の中心地である。
下：古運河の終点（泗洪部）／泗洪から来た運河は、臨淮で突然洪沢湖に流入し終わっている。遠景は洪沢湖。

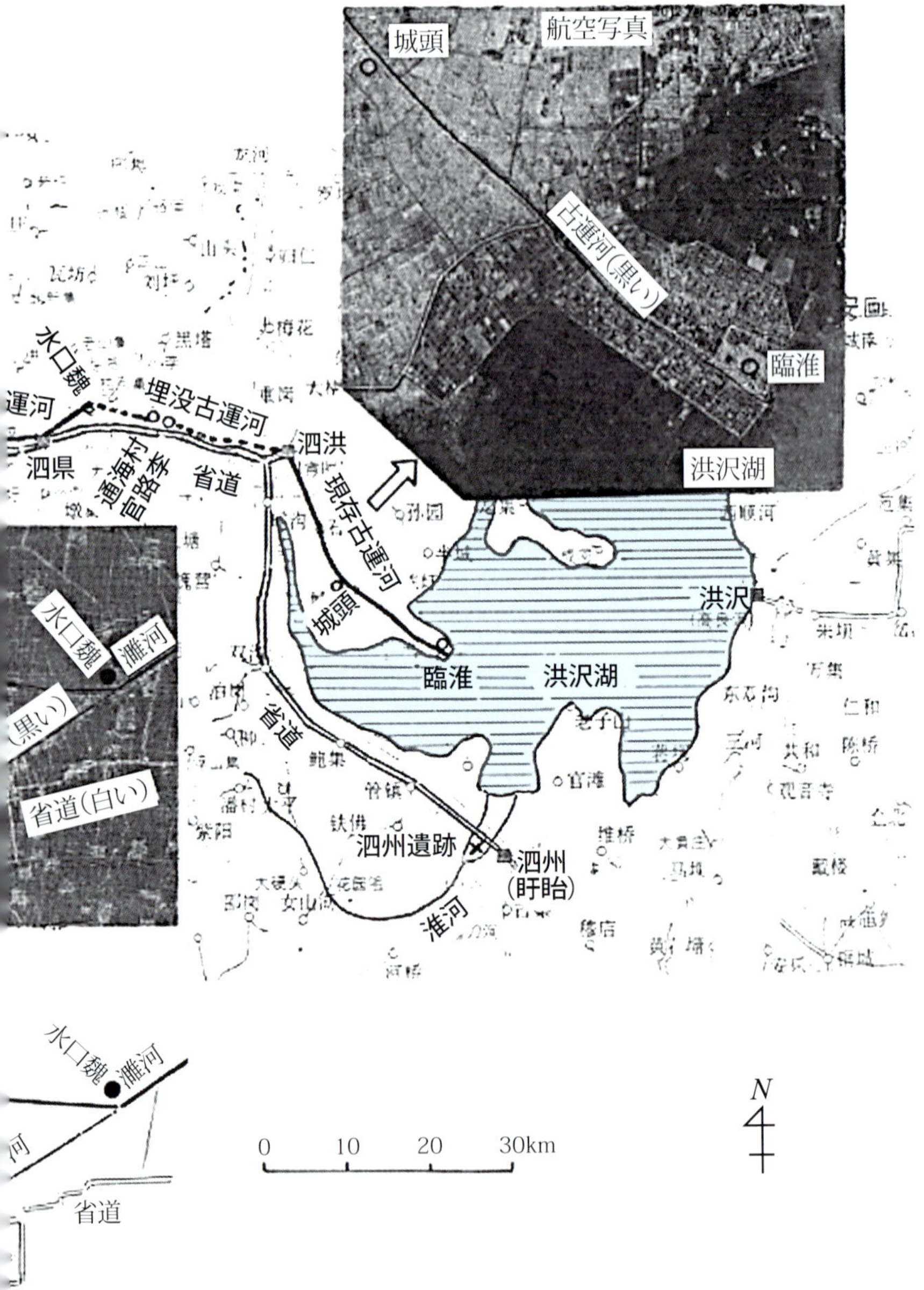

図6　古運河および隋堤と省道の位置関係

鉄仏
柳孜
百善
五舗
四舗
西三舗
西二舗
隋堤（古運河堤防）
埋没古運河
宿州
埋没古運河
大店
霊壁
唐河
省道
上馬舗
長溝
航空写真
唐河（黒い）
古運河（黒い）
上馬舗
長溝
泗県市街
古運河（黒い）
省道（白い）
新汴河（黒い）
唐河
古運河
上馬舗
長溝
古運河
泗県市街
新汴河
省道

shiken

煬帝の龍船（淮北市博物館の模型より：模写 蔡煜桐）

（十二）生きている「化石運河」の町「泗県」

泗県《しけん》の古運河は地元では、普通の水路として取り扱われていたもので、これが千四百年前に掘削された大運河そのものとは、誰も想像できなかったようである。一九九九年の柳孜発掘後は急に気運が盛り上がり、このあたりまで調査が始められた結果、二〇〇一年に大運河通済渠と確認されたのである。杭州から始まる京杭大運河は、歴史は古いが、時代とともに拡張工事が行われたり、部分的な路線の変更があった。大運河の中で掘削当時の状態がそのまま残されているのは、泗県部分（唐河―水口魏）だけである（図6）。

ホテルで知り合った人が紹介してくれた車が来たので、朝食もそこそこに出発した。古運河は、宿州文物の本に書かれていた通り、西から泗県の濠に流れ込み、旧市街をぐるりと回って東に位置する東関から、東の方へ流れ出していた。東関という名が付いているからには、唐代には城の東門として、運河を出入りする船を取り締まっていたのであろう。省道を東へ走っている間に古運河から大きくはずれたらしく、北側にあるはずの運河が見えてこない。十キロメートルほど行った地点で土地の人に聞いたところ、汴河《べんが》はここからずっと北の方になるよと指をさす。この地方では古運河を汴河と呼んでいるので、古運河と知れたが、急がば回れと一旦出発点の東関まで引き返した。東関から二百メートルほど東へ行ったところで、古運河沿いの細い道を見付けたので、そろそろと走る。車がやっと通れる程度のこの通路は、運河北側の低い堤防になっており、両側は高い木が密に茂っている。川幅は四十メートル程度で、宿州で発掘された古運河と大きな差はなさそうである。

泗県はごく小さな町なので、中心から五キロメートル離れたこの近辺は人家もまばらで、シーンと静まり返っていた。隋代に皇帝が、三千人の美女を引き連れ龍船でここを通りがかった時には、嬌声が響き渡ったであろうか？　両岸の木々は千四百年間、古運河の栄枯盛衰を眺めてきたのである。宿州博物館の劉林さんは、通済渠の東半分には千四百年間生き残った運河や堤防があり、また発掘で唐宋代の陶磁器や船などが続々と出ているので、二百キロメートルにも及ぶ廊下式歴史博物館ですよとおっしゃる。現在世界遺産認定に向け申請しているとのことである。古運河は町の中心から八キロメートル東方の水口魏で、大きな濉河に合流し終わっていた（図6・7）。水口魏から泗洪までの十三キロメートルは運河が地下に埋没しているので、どのあたりを通っているのかは不明である。泗県文化局を訪れ、文物担当の張偉さんに詳しい話を聞かせてもらった。宿州文物の本に書かれていた内容は、河底の調査などで確認されており、泗県部の現存古運河は、西は唐河（長溝鎮）から始まり、東の水口魏で終わっているとのことであった（図6）。しかしながら水口魏から泗洪までの埋没部については、答えが得られなかった。

古運河迷走区間にある埋没部の走行をさぐる

現存古運河の実地調査を行った際、水口魏では奇妙なことに古運河は省道から少し離れた場所を走行し、迷走傾向になっている事実が明らかになった（図6・7）。このため、水口魏から泗洪までの埋没古運河は、省道から大きくはずれ迷走していないかが問題になった。そこで筆者の方法すなわち地図に残された古代の地名と、古代の旅行記をもとに、さぐってみることにした。この区間で運河関係の地名を捜してみると、官路李という地名が見付かった（図7）。官路とは古代の幹線道路あるいは幹線運河の堤防を指すので、官路李の村は通済渠の堤防沿いにあったに違いない。一方古運河を旅した成尋が泊まった通海村は、官路李に隣接する集落であることが判明した。これにより、水口魏から官路李までの埋没部は、通海村を通って官路李につながっていると推定される。すなわち水口魏で省道から離れ迷走するかに見えた運河は再び省道に近いコースに戻ることが考えられた（図7）。次は官路李から泗洪までのコースである。泗洪の項で述べたごとく、成尋が泗洪で泊まった青陽駅は、泗洪古運河の起点になる世紀公園あたりと思われるので、世紀公園と官路李間で推定ルートを描いた（図7）。

官路李から世紀公園までのルートは、車で調べてみたが、省道の両側はきれいに整地されており、運河の痕跡は残されていなかった。なお、開封付近の古運河埋没部は、黄河の氾濫がすさまじく地中数十メートルの深さになっているが、このあたりは洪水による埋没の影響は少ないようである。泗県付近の古運河は、近年まで使用されていた泗洪の古運河に近く、トラックの時代の到来までは現役で使用されていた可能性がある。運河が放棄された後も、河道や堤防は少なくとも一九六〇年前後までは残っていたと推定される。堤防や河道が単に整地されただけの場合は、土地の古老に整地した場所を聞いてちょっと掘れば、河道を捜し当てることができると思われる。

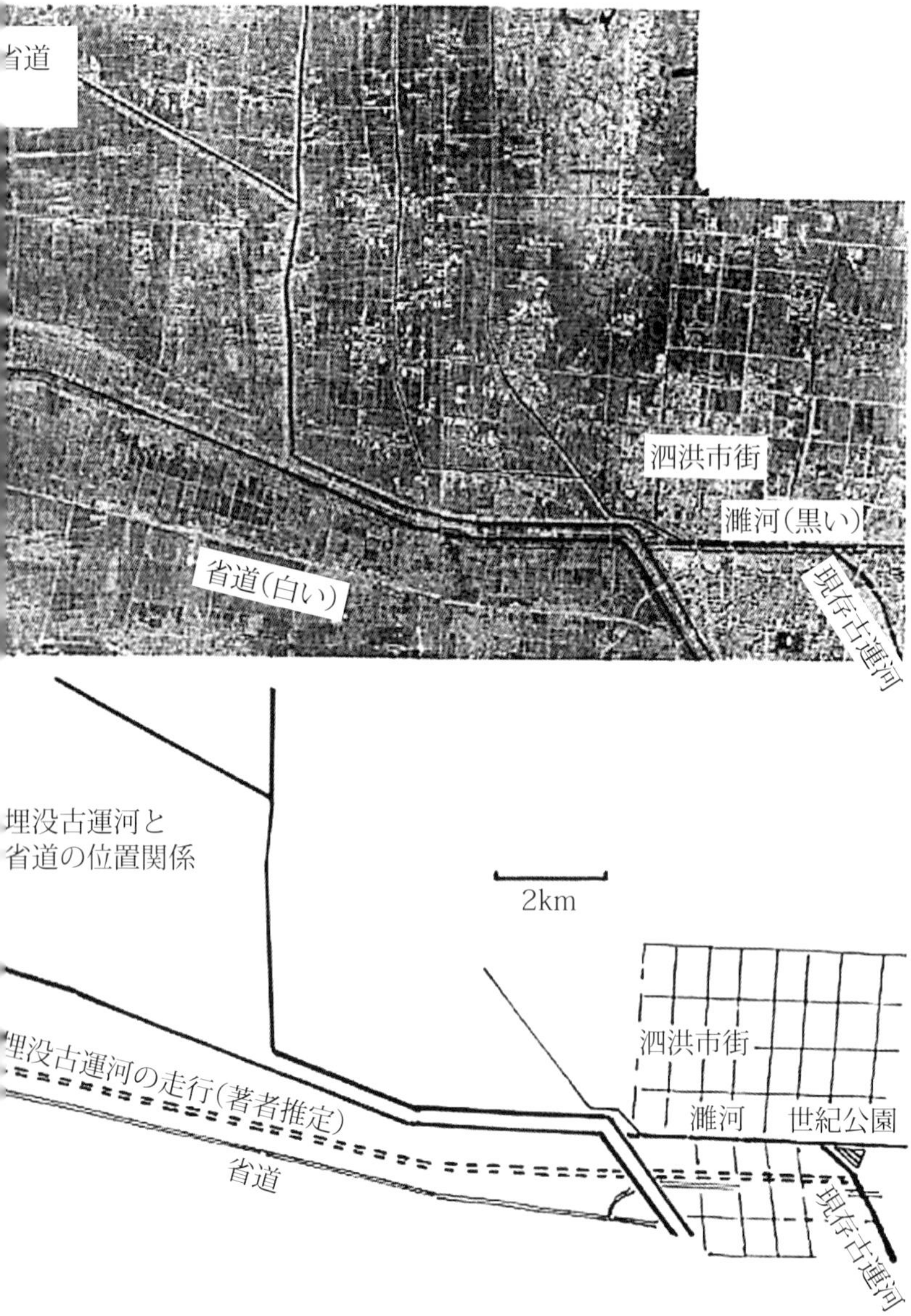

図7　古運河と省道の位置関係

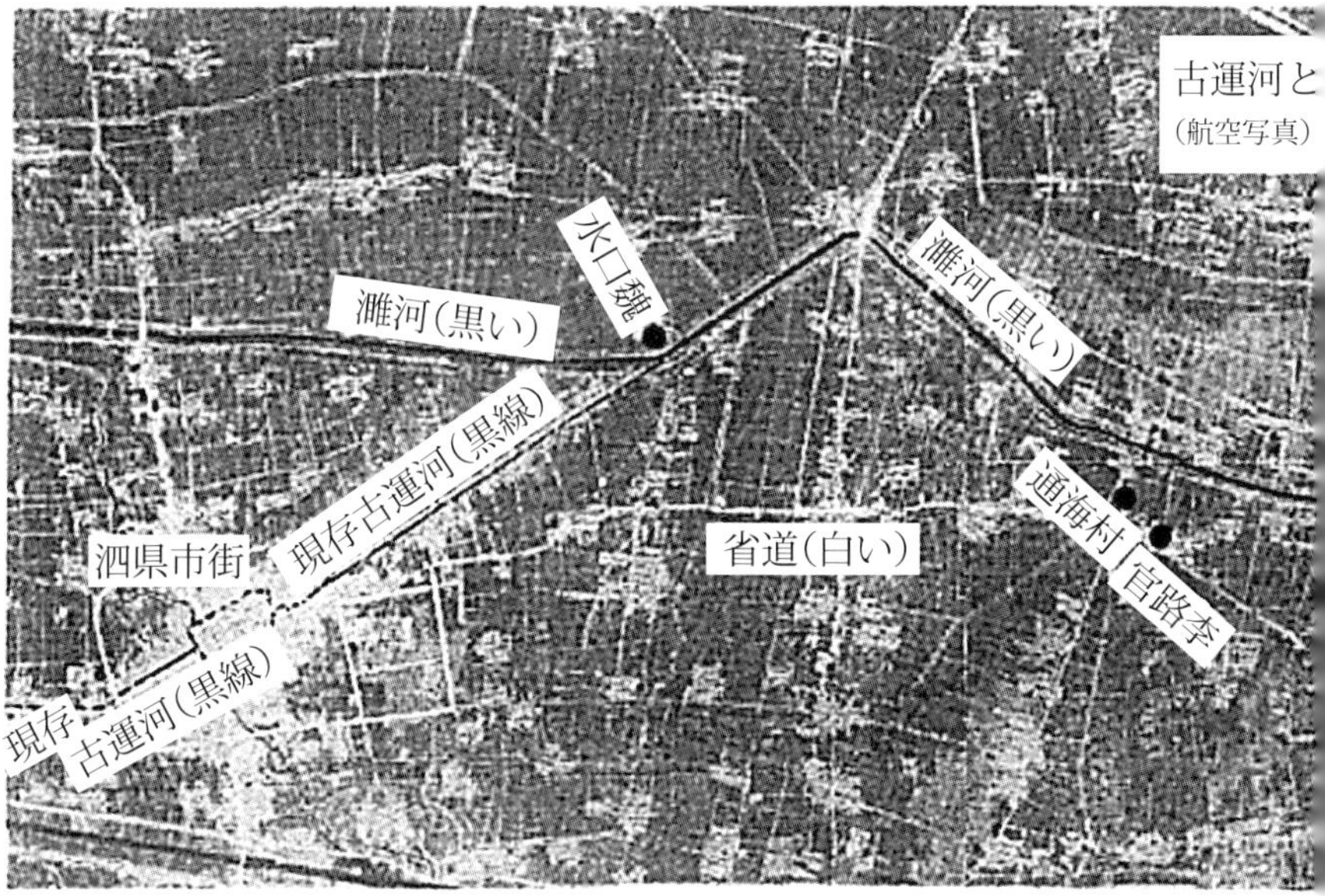
古運河と
（航空写真）
水口魏
濉河（黒い）
濉河（黒い）
現存古運河（黒線）
泗県市街
省道（白い）
通海村
官路李
現存
古運河（黒線）

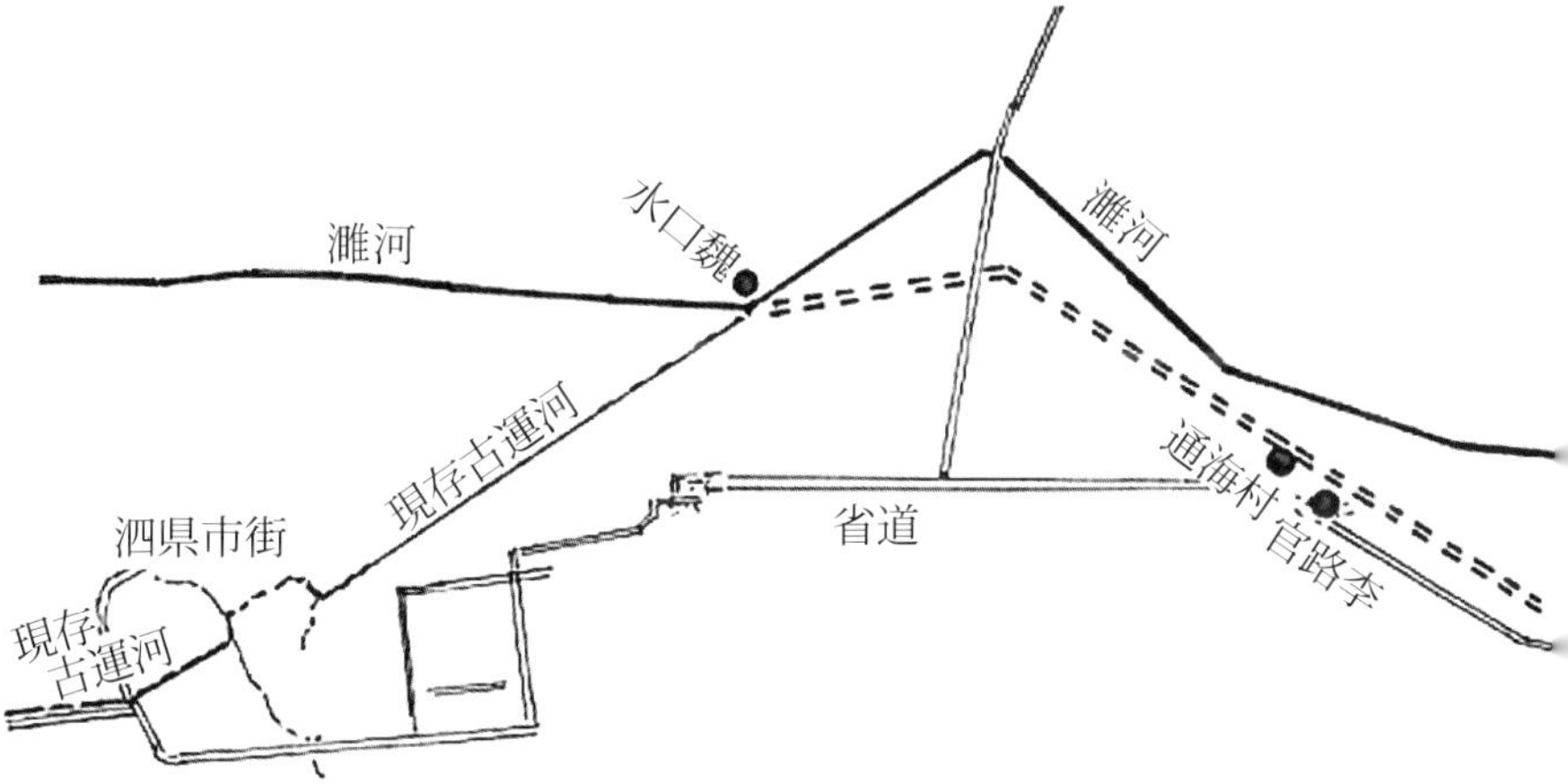
濉河
水口魏
濉河
現存古運河
泗県市街
省道
通海村
官路李
現存
古運河

1

2

1：古運河のアヒル／泗県東の十里井にて。

2：生きている「化石運河」／1400年前に掘削した時の状態が、奇蹟的にそのまま残っている（泗県東側、十里井）。

3：西から泗県旧市街へ流入する古運河（西関）／手前の細い水の流れは泗県西にある古運河。水量は少ない。中央左右の水面は旧市街の濠。右側は濠をまたぐ西関の橋。奥に見える建物は旧市街。

4：東側の濠をまたぐ橋（東関）／泗県西側の濠に流れ込んだ古運河の水は、旧市街をめぐり、東側の東関から古運河へ流れ出ていた（図6・7参照）。

5：泗県文化局へ古運河の話を聞きに行く／文化局の帰途、タクシーがなく困っていると、若い男女3人が乗ったタクシーが通りがかった。相乗りさせてもらったところ、青年がどこから来たのかと尋ねるので、日本と答えると3人とも笑顔になり握手を求めてきた。中国内陸部の小さな町で、外国人が来ることは滅多にないのであろうか、車の中で次から次へと質問がとび交った。

泗県西側の古運河へ

泗県を出発、所々で古運河を観察しながらゆっくり車を走らせる。泗県東側の古運河はうっそうと木が茂り、また省道からかなり離れているので、太古の静寂に包まれている。一方西部分は両岸の木はまばらで明るく、省道に隣接しているため、人間の生活が運河にも出てしまう。千四百年前の値打ち物とは頭で理解しているが、ピンとこないのである。川幅も東部分より狭く貧弱である。長溝の集落を過ぎ少し走ったところで、古運河の出発点である唐河（長溝鎮）に到着。古運河は幅の広い唐河から分岐し、細い水路となって流れ出ていた。

1

2

1：**彭舗付近の古運河**／左側（北側）は古運河、右側（南側）は省道。泗洪から宿州までは、このように省道は運河の南側の堤を走行している（図６参照）。一方宿州―永城間では、省道は運河の河道を走っている。

2：**古運河にかかる橋を行くヤギ**／ヤギとアヒルはよく見かけられる。長溝で。

3：**ゆったりと流れる古運河（宗庄）**

4：**古運河を渡る鴨**／子鴨をつれて古運河を泳いでいる。長溝にて。

5：**生きている古運河の起点（長溝鎮の唐河）**／手前の広い水面は唐河。右側は省道の橋。左奥に見える小さな水路は、唐河から分岐して流れ出る古運河の起点（図６参照）。

6：**古運河の起点と標識**／唐河からの水流を受け、ここから古運河は東へ向かって流れ始める。隋唐大運河の標識が見える。

霊壁で青年に料理をおごってもらう

霊壁《れいへき》のホテルに着いた時、車の運転手はアレッというような顔をして、こちらの方をふり向いた。外観があまりに質素であったので、ホテルを間違えたと思ったらしい。三階建てのごく小さなホテルで、二坪ほどの玄関ホールにテーブルを置いて、年輩のおばさんがちょこんと座っていた。予約してある旨を話すと、壁に張られている値段表を指さして、どの部屋にしますかと聞く。五十元から百二十元までになっており、部屋を見せてもらった。五十元ではトイレが共同と不便であり、値段が高い方に決めた。どの部屋もシンプルそのものであるが、掃除が行き届いており気持ち良く泊まれそうである。夕方にはおばさんの代わりに、幼児をつれた若いママが店番をしていたので、家族で経営しているプチホテルと判断した。

町を歩いてひと回りした後、近くの食堂に入った。青年と相席になり、互いの料理を二人でつつきながらビールを飲んでいたところ、姉が日本で三年間仕事をしたことがあり、自分も行ってみたいと言う。帰りには思いがけなく、料理の代金をこの青年が払ってしまったので、お礼を言って日本のタバコを差し出した。日本ではタバコを吸う人はすっかり減ってしまったので、お礼にタバコはないが、中国ではまだ生きている。

霊壁から宿州へ向かう——方言でお見それしました

前日に予約した車が遅れているので運転手に電話すると、十五分ほど待ってくれと言う。なまりの強い中国語で、極めて聞きにくかったが、なんとか会話は成立した。これが杭州や蘇州であれば、方言の域を越え、中国とは異なる国の言語のようになってしまうので、方言での会話はあり得ない。長江が言語の境界線になっているのであろうか？　揚州あたりから方言は多少聞き取れるようになり、北京に近づくに従い徐々に会話しやすくなるように感じる。料理の方は、長江より南の蘇州や杭州では辛さは全くないが、長江を北へ渡ると辛さが始まり、西安に向かって辛さはきつくなるのである。またラーメンやチャーハンは南から北へ向かうと量が多くなり、西安まで来ると一人分は日本の大盛りより多いので食べ切れない。

さて、しばらくしてホテルの前に車が停まり、青年が窓から顔を出して呼びかけるのが見えた。こちらの反応が遅かったため、前までやって来て三船さんですかと問う。実は電話の声がひどくなまっていたので、運転手はてっきり浅黒く日焼けした屈強なオッチャンと思い込んでいたのである。見れば背の高いハンサムで、こちらの中国語がたどたどしいのを見て取ると、きれいな標準語に変わった。中国では二十代の若い人は、たいていきれいな北京語を話す。というよりも、ちゃんとした北京語が話せない若い人には、実際に出会ったことがないのである。学校現場では、北京語が話せない人は教師に採用されないと聞く。日本で標準語が話せる二十代は、半分以上いるであろうか？

霊璧から宿州まで五十キロメートルの道路は、幅が広くきれいに舗装されていた。道路の両サイドはすでにブルドーザーで整地されてしまったようである。写真撮影で停車をくり返しながらゆっくり走ったが、この区間は大運河の痕跡は残されていなかった。

古代大運河の船着場（宿州博物館の模型より：模写　蔡煜桐）

(十三)大運河の栄光「宿州」

宿州では旧市街のホテルに泊まった。比較的小さな都市で、中心部は長方形の濠に囲まれ、歴史街区と呼ばれている。旧市街はまことに古色蒼然、何十年も時間が止まったままの街角風景である。蘇州の旧市街は桁はずれに時代が遡るので、古すぎてノスタルジアはわかなかったが、ここでは、小学校時代のなつかしい記憶が目の前に浮かんできた。まず宿州博物館を訪れ来意を告げると、専門官の鄭浩さんが案内して下さった。背のスラリと高い清楚な感じの美人である。石器時代に始まり、隋、唐、宋代と年代別に歴史博物館形式で展示されている。特色があるのは、何といっても大運河に関する豊富な発掘資料の展示である。埇橋、埇上嘉苑、西関歩行街と三ヶ所の遺跡について丁寧に説明してもらった上に、博物館出版の本まで頂戴してしまった。

発掘した場所をしっかり教えてもらったので、地図を片手に見学に出掛けた。有名な埇橋遺跡のある淮海路は宿州銀座とでもいえる一番の繁華街で、ここだけは例外的に近代的な店が立ち並んでいる(図8)。淮海路はその昔、大運河を横断する主要道路で、埇橋と呼ばれる小さな集落を形成していた。水上の船と陸の車が出会ったこ

宿州博物館／大運河の発掘展示は迫力がある。

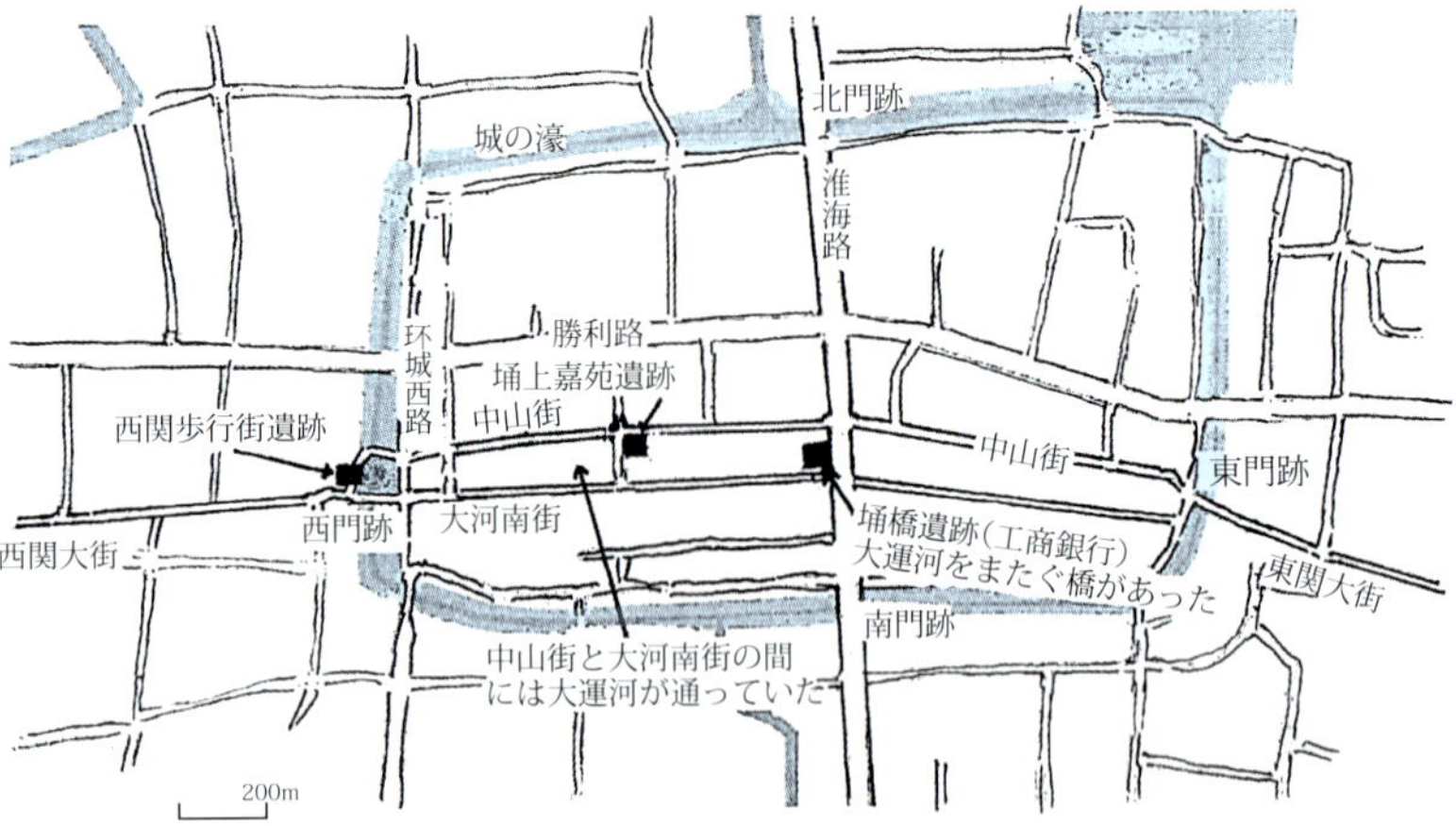

図8　宿州旧市街の大運河遺跡

とで物資の一大集散地を形成、商店が集まり人口が急に増加した。経済と軍事上の中枢的地位を獲得した結果、唐政府の手により城が作られ州に昇格、宿州と名付けられたのである。一九八七年、淮海路と中山街が交わる十字路で銀行ビルの建設が始まった際、地下から大量の細長い石を積み重ねた橋の土台が出土した。二つの遺溝の距離が四十メートルで、古運河水路の幅に一致し、遺溝は語り伝えられてきた大運河の埇橋と確認された。現在この場所には工商銀行が建っており、営業中であった。中山街と大河南街にはさまれたところは唐代の河道に相当する（図8）。宿州城を頭に描いて地図を見ると、淮海路は宿州城の真ん中、南門から北門を貫く主要道路で、また中山街は東門と西門に通じる唐代の幹線道路である。この二つが交叉する場所は宿州城最大のカギで、埇橋遺跡は出るべくして出たといえよう。発掘は宿州の生みの親である伝説上の埇橋を証明したにとどまらず、大運河発見という世界的な快挙をもたらしたのであった。しかしながら、大運河発見の功においては、なぜか十二年後の柳孜発掘の後塵を拝してしまった。

次に、中山街の商店街を西へ、徒歩五分ほどの場所にある

上：埇橋遺跡のある中山街／淮海路と中山街が交わる十字路。唐代にはこの場所に大運河が通っており、運河をまたぐ埇橋があった。

下：伝説の埇橋は銀行の地下にあった／右の白いビルが工商銀行。このビルの場所は大運河の河道に相当し、ここで埇橋遺跡が発見された。左の細い道は大河南街。手前の中央分離帯がある広い道路は淮海路。

埇上嘉苑遺跡に向かう。長城ホテルの裏と聞いていたが、いくら歩き回ってもそれらしいものが見当たらない。一旦休憩として昼食をとることにした。近くの食堂に入ると野菜、魚、肉などを皿に入れてガラスの棚に並べてある。材料を自分で選び料理方法と味付けを指定して作らせる方式である。田舎に行くとこのパターンが多くなるが、料理したことがない者には大の苦手。昼食後、古そうな店を見付け年輩のおじさんに聞いてみた。「四年前、このあたりで大規模に地面を掘っていませんでしたか？」すぐに答えが返ってきて、そこだよと近くを指さす。しかしいくら眺めても何も見当たらないので、連れていってもらった。発掘場所は、八一通りと中山街の十字路角で、塀に囲まれた二百坪ほどの空地になっていた。門のすき間から中をのぞくと、すでに埋め戻され遺跡らしいものは何もなかった。埇上嘉苑では、二〇〇七年の発掘で宋代運河の船着き場が発見された。ここでは運河の完全な横断面を作成し学術的な研究を行っている。宿州は大運河と共に発

展し、運河がなくなった後埋没してしまった感があった。ところが最近、大運河を世界遺産にという話が持ち上がったのである。この遺跡も再び発掘され展示されることであろう。世界中から大勢の人が宿州に押しかけるようになり、大運河で発展した過去の栄光を取り戻すことができるに違いない。

遣唐使は埇上嘉苑の船着き場に降り立ったであろうか？

成尋は大店から一日半で六十里(三十キロメートル)進み、宿州の艤舟亭に到着、ここで宿州府から酒と糖餅をプレゼントされている。また食事の招待も受けているが、この艤舟亭の先を急ぐので断っている。役所から食事の招待となれば、この艤舟亭の場所は役所のある宿州城内であろう。大店から宿州旧市街(城内)までは、二十七キロメートルで、成尋が進んだ距離とおよそ一致する。艤とは船出の仕度をする意味で、藤善眞澄氏によれば船着き場によくある名とのことである。成尋が宿州で船を降りた艤舟亭は、この埇上嘉苑遺跡の船着き場あたりにあったかもしれない。埇上嘉苑は先に述べた埇橋遺跡からは四百メートルと、すぐ近くに位置している。

なお宿州における遣唐使の動向については、資料が残されていないのでよくわからないが、成尋に準じて推測してみる。宿州城に向かってやって来た遣唐使の船は、図8右の東関大街の前を流れていた大運河を西へ進み、旧市街の東門で、役人のチェックを受ける。この場所で船を降りるか、あ

右：大運河の船着き場が発掘された埇上嘉苑遺跡／手前左に見える幼稚園の後方が発掘現場。ここに大運河が流れており、運河の船着き場があった。この通りは中山街。

中：埇上嘉苑遺跡のある空地／この空地には大運河が流れていた。地下に船着き場が眠っている。

左：西関歩行街遺跡／ここは西の城門付近になる。この西関大街通りの右手には大運河が流れていたので、地下から唐代の陶器などが発掘された。

るいは船で西へ進み埇橋の下をくぐり抜け埇上嘉苑の船着き場で降りる。役人の案内で宿泊施設へ落ち着き、大使らは宿州府へ旅行許可の書類を提出する。翌日船に乗り、宿州西側の濠にある西門（西関）を通り、西関大街の前を流れていた大運河を進む。船は運河の流れに逆行して進むので、大変ゆっくりであったに違いない。

どこを掘ってもお宝がいっぱい

大運河の発掘では、まず上の黄砂層から宋代のものが現れ、下からは唐代のものが出る。出土品は多岐に及び、唐三彩等の陶磁器、玉器、銅鏡、銅銭、船など貴重な文化財が、土地の博物館に展示されている。陶磁器は唐、宋代に精巧なものが作られるようになり、大運河を利用して運搬され、外国へも輸出されていた。黄河は度々洪水をくり返していたが、大運河の水があふれ陶磁器を積んだ船が沈没することも少なくなかった。また船で旅をしている人に、素焼きの皿に盛った食物や壺に入れたお茶も売っていたが、これら使い捨ての容器を船から運河にポイと捨てることもあったと思われる。

このようなことが何百年もくり返され、おびただしい量が

1

2

3

運河に蓄積されたので、宿州埇上嘉苑では幼稚園の中庭程度の広さから、陶器片も含め二千点以上もの品が発掘されている。これらの埋没文化財は、年代が唐、宋と古いのでその価値は計り知れない。大運河の上流は黄砂層が大変深くなっているが、宿州から下流域では浅いので、ちょっと掘ればお宝がざくざくという事態もあり得るのである。

宿州から永城へ——隋堤との出会い

前日、ホテルの中で営業している旅行社に車を依頼しておいたので、ホテルの玄関まで行くと、旅行社の美人店長張紅梅さんが出迎えた。運転手は？と聞くと今日は私が運転しますとのことで、思いがけない展開だが大歓迎である。隋唐大運河の堤防、隋堤が世界遺産に申請中なので、写真に収めると目的を説明する。店長はそんなものがあったとは全く初耳ですと、興味津々である。ちょっと待って下さいと、会社にかけ込み助手の女の子まで連れてきた。車は韓国系現代自動車の真新しい乗用車で、私用の車らしく人形などをきれいに飾っている。日本の車は人気があるが高いですと言う。プロの運転手は、前を走る車が目障りとばかり、躍起になって

河北博物館
五舗
四舗
西二舗

5

4

1：**河北博物館（隋唐大運河博物館）**／隋堤（大運河堤防）の調査に出掛ける前に、まず博物館へ行き、館長王紅五さんにいろいろと教えてもらった。

2：**西二舗**／宿州を出発し、西二舗まで10キロメートルは、隋堤は見当たらなかった。

3：**四舗の標識**／成尋が四舗を訪れた時、ここは沢鎮と呼ばれており、運河駅があった。

4：**四舗の隋堤**／右（北側）は省道、左（南側）の低く盛り上がった堤が隋堤。とうもろこしが伸びているため、堤防は実際より低く見えている。この堤防は運河の南側の堤防に相当するので、省道は河道（または北側の堤防）を走っていることになる。

5：**五舗**／右は我々が食事をした村の食堂。左は小型スーパーマーケット（超市）で食物から日用品まで売られている。ここから百善までは隋堤が多く残されていた。

追い抜く習性がある。調査旅行で車を使うと、毎日この手の運転で、助手席に座るお客は緊張を強いられているのである。ところがこのお嬢さん店長の運転は、ソフトそのもの。高貴な人を後に乗せてますという感じで、ゆっくりと走るので乗心地が良い。後方に車が来れば、お先にどうぞと道を譲っている。

　宿州の町から西二舗までは、道路の両側に家が建ち並び、隋堤（大運河の堤防）は見当たらなかった。西三舗、四舗あたりから道の南側に低い堤が見え始めた。高さは一～二メートルで切れ切れになっている。断面がはっきり見える場所では、堤の幅は十メートル前後であった。省道から堤までは五十～百メートルほど離れている。堤に木を植えてあるものが多いが、草だけ生えているものは堤の形がよくわかる。河北博物館の王紅五館長に教えてもらった通り、百善の隋堤は保存状態が最も良好であった。百善を過ぎ柳孜、鉄仏と隋堤の写真を撮りながら車を走らせたが、永城の手前から堤はなくなった。

　宿州～永城間の省道は、大運河の河道を走行し、堤防は道路南側の南堤が一部残っているだけである。一九五〇年代に

は道路の両側に五～六メートルの高さの堤防が残っていたので、道路は堤に挟まれた陥没状態の地形になっていた。このため、省道は地元民から溝の道と呼ばれていたそうである。現在大運河では、堤防がはっきりした形で残されているのは宿州～永城間に限られるようである。通済渠の水路は幅が三十～四十メートルであるが、堤防間の距離は広く百～二百メートルあったといわれている。

隋堤に柳を植えるようになった経緯は、隋煬帝と伝えられている。揚州への旅行中にあまりの暑さで、龍船に乗っていた美女達が、流れる汗が止まらないと訴えたため、ある大臣が柳で木影を作ることを提案し、皇帝の命令一下、柳が植え

五舗でお嬢運転手と昼食／今日は、客の方がガイドさんに大運河のガイドをして、逆になりましたねと言うと、2人は声をあげて笑った。テーブルに置かれているやかんには湯が入っている。普通の食堂ではお茶やお冷やは出さず、白湯を持ってくる。3人で腹いっぱい食べて40元とは安かった。

1：掘り下げられた河道／左上、車が停車している場所は省道。水がたまっているところは省道と隋堤の間にある河道である。土の断面が見えている。水面から１メートル上の草の切れ目あたりは黄砂層か？　池を作る時に、これだけ広い範囲を掘っていれば、唐三彩などのお宝がたくさん出ているはずである。百善にて。

2：隋堤／百善は保存状態の良い隋堤が多く残されている。木の生えているところが堤で、断面がきれいに見える。

3：百善の十字路／このあたりには形の良い隋堤が多い。

3

られたのである。この柳は数多くの詩人から、隋堤煙柳として詠まれてきている。白居易の「緑影一千三百里……柳色如煙絮如雪」は特に有名である。大運河の早春風景で、柳のわた毛が一面にフワフワ舞っている様子が、煙でかすむようで、また風に浮かぶ淡雪のように見えるとしているのである。

大運河遺跡「柳孜村」の華麗なデビュー

一九九八年省道の拡張工事で立ち退きとなった柳孜《りゅうし》村《むら》の農民が家を撤去中、床下に長方形の石があるのを発見した。農民は移転先の家に利用するため掘り出したが、深いところまでいくら掘っても大量の石が続いていた。農民は大そう驚き、村中のうわさになった。これが、世界遺産申請と華麗なデビューを飾った「柳孜隋唐大運河遺跡」発見の端緒である。うわさは考古学専門家の耳に入るところとなり、一九九九年発掘が行われた。宋代の船着き場、数多くの沈没船、大量の陶磁器などが出土し大運河と確認された。宋代に埋没し、その後、行方がわからなくなっていた大運河が発見されたと大きな反響を呼んだ。隋唐大運河は万里の長城に匹敵する古今東西の奇蹟である。これが目の前に現れたことで、中国一の

地味な安徽省はにわかに注目をあび、この地で大運河ブームが始まろうとしているのである。柳孜村はごく小さな集落に過ぎないが、古代には柳子鎮と呼ばれる比較的大きな集落で仏教寺院も建てられていた。成尋が船で柳孜を訪れ泊まった際に、大きな橋があったので、遣唐使がここを通りがかった唐代においても、運河の駅としてにぎわっていた可能性がある。

古代の高速道路を駆け抜けた遣唐使

大運河は、船での大量輸送に便利であるが、スピードが出ない。そこで唐代には運河の堤を整備して早馬を疾走させ、高速道路として利用していた(御道と呼ばれていた)。実はこの古代高速道路を走った遣唐使がいたのである。六五九年の第四回遣唐使は、駅馬を乗り継ぐことにより、越州(紹興)から長安まで二千キロメートルを二週間で走破している。一般の遣唐使が二ヶ月以上かかるところを二週間と、驚異的な速さであった。

上：隋堤（鉄仏付近）／左側に堤防の切れ目が見えている。
下：柳孜隋唐大運河遺跡／道路に面して石碑が建っていた。この道路わきの農家の床下から農民が長方形の石を掘り出したことが、世界的な遺跡発見の端緒となった。石碑が建っているところは省道。大運河は石碑の下を流れていたので、船で通りがかった遣唐使はこの風景を見たかもしれない。

soshu

商丘の城壁（北門）

（十四）「宋州」（商丘）でも大運河遺跡が発掘された

商丘《しょうきゅう》は宿州に比べかなり大きな都市で、東西の道路は広くにぎやかである。宿泊する天宇大酒店は駅前からまっすぐ南へ伸びる神火大通り沿いにあり、大きな前庭を持つまことに堂々としたホテルである。予約の際ツイン一室が百四十元と安く、こぢんまりしたビジネスホテルを想像していたので、シャンデリアが輝く広いロビーに入った時にはホテルを間違えたと思った。神火大通りは東京でいえば銀座に相当する場所であり、格式と値段に大きな乖離《かいり》があるのは、政府系の経営で昔の料金がそのままになっていたのかもしれない。夕食にと外へ出たが、いくら歩いてもレストランが見当たらない。目に付くのはめん類など軽食を扱う小さな店ばかりである。日が暮れかかった頃、広い歩道いっぱいにテーブルを並べた屋台に、次々と客が集まってきた。我々もテーブルについて串焼き、炒め料理、冷菜などを注文した。とっても安いが料理はなかなかの腕前である。これならば大きな店を構えたレストランはなくても良いと納得した次第である。

商丘の中心街から五キロメートルほど南へ行ったところに、立派な城壁で囲まれた旧市街がある。南北一・一キロメートル、東西一キロメー

車は止めてもアイドリングしません／
運転手は暑いので、車のドアを少し開いて風を入れている。中国では停車すればすぐにエンジンを切る。日本のようにエンジンをかけてクーラーで涼むことはしないのである。

トルほどの広さで、城壁の外側は広い水面の濠になっている。このあたり一帯は華中の大平原で、城はやや小高くなった場所に建てられている。その歴史は古く、春秋時代に始まり、秦、漢代を経て、唐、宋代も現在の場所に城が作られたとのことである。唐代の大運河は城の南方数キロメートルのところを通っていると考えられていた。二〇〇八年十二月の考古学調査により、南二・五キロメートルの地点で深さ二十メートルの地下より幅百メートルの運河と共に船着き場が発見された。船着き場は運河の北岸にあり、南北五十メートル、東西百五十メートルと非常に大きなものであった。ここからは貨物船、唐、宋代の陶磁器、銅銭などが発掘されている。大運河遺跡と古城の学術的価値が高いことから、宿州大運河の世界遺産申請に加え、この商丘部分の遺跡もいっしょに申請する運びとなっている。成尋は商丘に着いた時、官船に積まれていた荷物が、船着き場の市場に運ばれるのを見たと書いているが、発掘された船着き場と同じものであろうか？

成尋の旅行記——宋州より洛陽まで

宋州（商丘）から洛陽までの遣唐使の道中記録はほとんど残されていないが、宋代に同じルートを通った成尋の日記（藤本眞澄訳注）は記述が詳細で非常に役立つ。一〇七二年九月三十日宿州を出発した成尋は通済渠運河を通り、秋も深まる旧暦十月五日の夜、商丘に着いた。この時、運河にかかる橋の上と近くの店にはおびただしい数の灯籠が出ており、また伎楽《ぎがく》の音も聞こえて、商丘の町はとてもにぎやかであったと書いている。泗州から商丘までの運河は水の流れが速く、船で上流へ行くのは骨が折れたが、商丘から開封までの運河も同様で、朝から晩まで人夫に船を引かせての行程であった。商丘から睢県、陳留《ちんりゅう》を経て十月十二日開封の水門に着いたところ、役人が船内の点

●商丘城南門

●商丘博物館

検に来ている。開封の運河では数えきれないほど多くの船が岸辺につながれており、中には巨大な船もあったという。

成尋は開封にしばらく滞在した後、一〇七二年十一月五台山に向け出発した。開封から鄭州を通り洛陽近郊まで行き、ここから北方の五台山に向かい黄河を渡っている。成尋は開封から五台山まで十里から十五里毎に設置されていた馬舗で馬を乗りつぎながら旅行し、一日に七十里(三十五キロメートル)ほど進んでいる。

1：商丘城復元模型(商丘博物館)／古代の城は広い水面を有する円形の濠に取り囲まれていた。

2：商丘城壁内のメインストリート／城壁内は古色蒼然たる建物ばかりで、昔ながらの生活が営まれているかのような雰囲気である。しかし乗り物は最もモダン。ガソリン車は時代遅れとばかりに電動車の世界になっている。前を行く三輪自動車はもちろん電動で、こんな車に乗ってみたい。

3：商丘城壁南門／前に広がる濠の向こうには唐代に大運河が通っていた。

4：世界最古の天文台／階段を上ったところの小高い「丘」で「商」星という名の星を観測していた。これが商丘の由来である。

kaiho

上：**開封城壁（北門）**
下：**龍亭公園**／龍亭公園から南方を眺める。道路をまっすぐ進んだところが御街である。

(十五)北宋の古都「開封」

開封《かいほう》は紀元前の戦国時代に魏の都として繁栄したが、秦により滅ぼされた後都は灰燼に帰した。しかしながら大運河通済渠の開通後再び脚光を浴び、中唐以後は副都洛陽に次ぐ重要な地位を獲得している。唐滅亡後、開封は五代、北宋の首都となり、人口百万を擁する大都市に成長したのである。現在の開封は省都を隣接する鄭州《ていしゅう》に譲り、ひっそりとした歴史の町として観光客に親しまれている。開封で泊まったホテル開封賓館は城壁内の旧市街にあり、中庭の広い四合院造りで寺院のような外観になっていた。まず城壁内で最も北に位置する北門へ行き城門に登った。唐代の七八一年汴州城《べんしゅうじょう》を築いた際、城壁の大きさは三キロメートル四方で、北宋時代になって城壁の南北方向を少し拡張している。これが後の城壁の基礎になっており、現在の城壁は南北四キロメートル、東西三キロメートルで、広さは現存する西安の城壁とほぼ同じである。城壁の構造は突き固めた土で台形の壁を作り、まわりをレンガで補強する標準的な形式である。城門から少し離れた場所にはレンガがなくなり土がむき出しになっているところもあった。

北の城門から南の方へちょっと歩いて、宮廷跡の龍亭公園に着いた。唐代の七八一年汴州城が築かれた時、城内の北に衙署が建てられ、五代、北宋に入り開封が首都になった際、この場所に宮殿が築かれた。宮殿の南には園林と湖を配して優美な造りになっていたという。龍亭公園の真ん中を通る道路は御街に続き、そこから城の中央を貫く中山街につながっている。宋代の御街は広大な道路で、通りの中央部は皇室専用になっており人や馬は通れなかった。妃を迎えたり、姫の輿入れなど国の慶事にこの道を使用したが、多勢の人が御街につめかけ、さぞにぎやかなことであったと思われる。曹復氏によると遣唐使が開封で泊まった宿場は上源駅で、御街近辺にあったとのことである。五代中国史では、唐末に汴州節度使の朱温が河東節度使一行三百人を上源駅でもてなしたくだりがあり、駅の規模はかなり大きかったことがわかる。遣唐使が上源駅に落ち着いた後、大使は御街を通り近くの衙署まで通行許可を求めに行ったことと思われる。一九八四年御街につづく中山路で下水管工事が行われた時、地下四メートルのところでアーチ型レンガ造りの「州橋」が発見された。唐代にさかのぼる有名な橋で、大運河から城内に引き込まれた水路をまたいでいた。州橋を月夜に船が通過する様子は汴京八景の一つで、まわりにはたくさんの店が並び夜市でにぎわっていた。

大運河は唐から北宋に移ってからも政府の生命線として重要な位置を占めていたが、その後の相次ぐ戦乱で水路の維持が困難となり、開封付近は元代にはほぼ埋没し、さらに一六四二年明代の大洪水で地中深く埋もれてしまった。最近大運河の世界遺産申請がなされ、開封でも大運河の考古学的調査の気運が高まっているが、結果はまだ出されていない。御街からゆっくり歩いて中山路に入り左に折れたところで大相国寺に着いた。創建五五五年の名刹で、空海が遣唐使でやって来て長安に向かう途中にこの寺に立ち寄っている。宋代には僧の数が千人を超える大きな寺となり、外国僧が開封に来た際には、皇帝はここへ招待したとのことである。後に大相国寺と日本の縁が深くなり、京都にも相国寺が建立されている。寺には大きな鐘があり、鐘の鳴る様は汴京八景に挙げられたそうである。

上：御街（宋代の町並みを再現）
下：大相国寺山門

日本人僧の祈祷で開封の旱魃危機が救われた

仏教は中国で独特の進化を遂げ、釈迦の死後千年ほど経過した唐代以後は、僧の仕事として祈祷が次第に大きなウエイトを持ってきたように思われる。成尋が開封に滞在中の一〇七三年三月、折しもこの地は旱魃の危機に瀕していた。成尋は皇帝から直々に降雨祈祷の依頼を受け、宮廷内に作られた特別の護摩壇にて祈ったところ、三日目に雨が降り皇帝から非常に感謝されている。『源氏物語』には、病気の際に僧を呼ぶ場面がしばしば見られる。人が重病の床についた時には、医師の施薬に加え必ず僧による祈祷治療が行われた。現在では心停止五分は冥界入りを意味し生き返ることはない。しかし『源氏物語』の時代には生と死の境界はばく然としており、冥界に呼ばれても戻ってくることがあるように考えられていた。僧の仕事は宗教行事に加え身近な医療と捉えられていたのである。

(十六)古代の王都「鄭州」

Tさんの出迎えを受け開封から鄭州《ていしゅう》に向かった。前日に開封の町を案内してもらった後、第一楼

teishu

商王朝遺跡／鄭州駅の近くへ行ったところ堤防のような盛り土が突然姿を見せた。3600 年前の商王朝の遺跡で、城壁は 1700 メートル四方ほどの広さ、城内には王宮や住民の居住区があったという。城壁の幅は底辺 25 メートル、高さは 5 メートル前後で、風化して高さは低くはなっているが、今なお堂々たる姿をとどめている。

鄭東新区

河南博物館

で開封の名物料理をごちそうになった際に、いろいろと近況を聞かせてもらった。Tさんとは、中国で医師の仕事をしていた奥さんも含め、家族ぐるみの付き合いである。交流が始まった時、長男のS君は幼稚園くらいであったが、現在は大学を卒業しロンドンに留学中であるから、もう二十年になる。Tさんは西安の大学を卒業、福井で寺院建築の勉強をした後に、寺院建築の会社を設立し活躍中である。寺院に使う材木を彼の会社の鄭州工場で加工し、これを日本へ運搬して寺を建てるとのことである。彼に対してはまだ若いというイメージが頭の中にあったが、久しぶりに会ってみるとすっかり経営者の貫禄が備わっていた。福井の地にやって来て勉強した中国の友人達が、立派に仕事をしている姿を見るのは本当にうれしいことである。

鄭州に着いた後、鄭東新区をまず案内してもらった。地区全体がドーナツ型になっており、外側と内側に大きな道路が走っている。ドーナツの中心は池を配した公園で、外側も広大な緑地と人工の川が取り囲んでいる。日本では実現し難いような、理想追求型の景観にまとめ上げられているのである。次に河南博物館へ行ったところ、女性副館長の李宏さんの出迎えを受けた。鄭州付近の唐代通済渠の状態がわからず困っていたが、地元の権威から詳しい説明を受け大きな収穫となった。

夕食後、鄭州から洛陽へ向かう長距離バスを予約するため、バス駅舎へ行ってみた。広い切符売り場は満員電車のようにギッシリと人が詰まっており、道路にまで人があふれている。我々不慣れな人間が切符を買える状況でないことは一見してわかったので、すぐに退散した。汽車はもっと大変なので結局ホテルでハイヤーを予約した。中国のゴールデンウィークは五月一日から五日間ほどであるが、この日は四月二十九日なので、すでにゴールデンウィークは始まっていたのである。

rakuyo

白馬寺の牡丹／洛陽は牡丹の名所になっており、
5 月の連休前後が最盛期になる。

◉洛陽
●漢魏故城
●漢魏故城閶闔門遺跡
●白馬寺

（十七）東の都「洛陽」

洛陽に着いて、まず東郊外の漢魏故城を訪れた。畑の中に低い堤防のような土塁の城壁が切れ切れに続いている。まわりは見渡す限りの小麦畑になっており、前漢から後漢、魏と四百年余りも繁栄した都の面影は何も見えない。漢魏故城は洛河の北岸に建設されていたもので、城壁の周囲は十四キロメートルといわれており、現存する西安、開封の城壁と同じ程度の規模であることを頭の中にイメージした。『後漢書』東夷伝、倭の項に「後漢光武帝の五十七年、倭奴国が奉貢、朝賀し皇帝は印綬を賜う」とあることで、日本の使節が後漢の首都洛陽に来たことがわかる。この時代は朝鮮半島を経由、山東を通って洛陽まで来ていた。なお受け取った印は、志賀島で発見された漢倭奴国王の金印と考えられている。漢魏故城閶闔門遺跡の近くには後漢時代に造営された中国最古の寺、白馬寺が建っている。仏教伝来後、初めての寺で中国仏教発祥の地とされている。言い伝えによると二人の僧が西域に出掛け、インド僧の協力

漢魏洛陽故城の城壁／2000 年前に栄華を誇った大都市は、いまでは見渡す限りの小麦畑で低い土塁が残っているだけである。

上：宮殿の閶闔門遺跡（漢魏故城）／白馬寺の近くで畑の中から門の礎石が発掘された。
下：白馬寺／洛陽に向かう官道ルートは白馬寺の前を通っていた。

により多くの経典を手に入れ、白馬に積んで持ち帰った。漢の明帝は大変喜び、六十八年に陽雍門の外に寺を建てたが、白馬にちなみ白馬寺と名付けられたとのことである。漢の後、北魏時代には仏教寺院が千三百を数え、有名な龍門石窟も北魏時代に開削されている。唐の則天武后は龍門に大仏を建てるほど信仰が厚く、洛陽の仏教はこの時代に最盛期を迎えたといえる。

隋唐洛陽城遺跡は現在の洛陽市街中心部全体に広がっている。六〇五年隋二代目皇帝の煬帝は、都を長安から洛陽へ移すことを決定し、建設を開始した。洛陽城は一辺がおよそ七キロメートル前後で、長安城よりひとまわり規模は小さかった。真ん中を幅の広い洛河が貫通しているのが特徴で、四方を城壁でガッチリ固められていた長安と比べ開放的といわれている。長安城が当初完全な左右対称になっていたのに対し、洛陽城は北側中央部が低湿地のため、宮殿は北西部の片寄った場所に配置された。城内遺跡の南西部は現在広大な植物園として保護され、最近になって巨大な博物館が建設された。この博物館の南方には、隋唐代に正門の定鼎門が建てられ、また北方には天津橋があり洛河をまたいでいたとされている。夜明け前に月光が天津橋にかかる景観、「天津暁月」は天上の銀河にたとえられるほど優美であったという。この橋を渡ると壮大な端門（皇城の正門）があり、後方の宮殿につながっていた。『隋書』倭国伝に「大業三年（六〇七）使を遣わして朝貢した」と書かれている通り日本からの使節が洛陽に来ている。この時に「日出ずる処の天子……」という国書事件が起き煬帝を怒らせたが、七年後にも再度洛陽に遣隋使が来ているので友好関係は維持できたのである。

現代の地図に示されている白馬寺と宿場十里舗の位置、および発掘で明らかにされた隋唐洛陽城の概略図により、遣唐使の足取りを再現してみる。東から洛陽にやって来た遣唐使は白馬寺でちょっと休み、三時間ほどで十里舗に着いたと思われる（図9）。ここは白馬寺から鉄道線路に沿って走る国道三一〇号線をまっすぐ西へ十数キロメートル行ったところで、隋唐洛陽城東北角から二キロメートルほど外側に位置していた。十里舗から最も近い城門は、東の上東門、北の安喜門でいずれも歩いて一時間ほどの道のりであった。役人に引率された遣唐使はどちらかの門から城内に入り、客館に落ち着いたのである。皇帝に拝謁する日は天津橋を渡り、端門から皇城に入りさらに進んで応天門から宮殿へ案内されたと考えられる。

唐代に洛陽へ行った六五九年の第四回遣唐使については、上田雄氏の『遣唐使全航海』に詳しく書かれている。越州から駅馬を使って長安に着いたところ、あいにく皇帝は洛陽へ行っており洛陽へ引き返した。洛陽では連れてきた蝦夷の男女を皇帝に見せている。日本の北海道のあたりは唐代に「毛人」と呼ばれていたが、この方面まで日本の支配が及んでいることを示す意図があって帯同

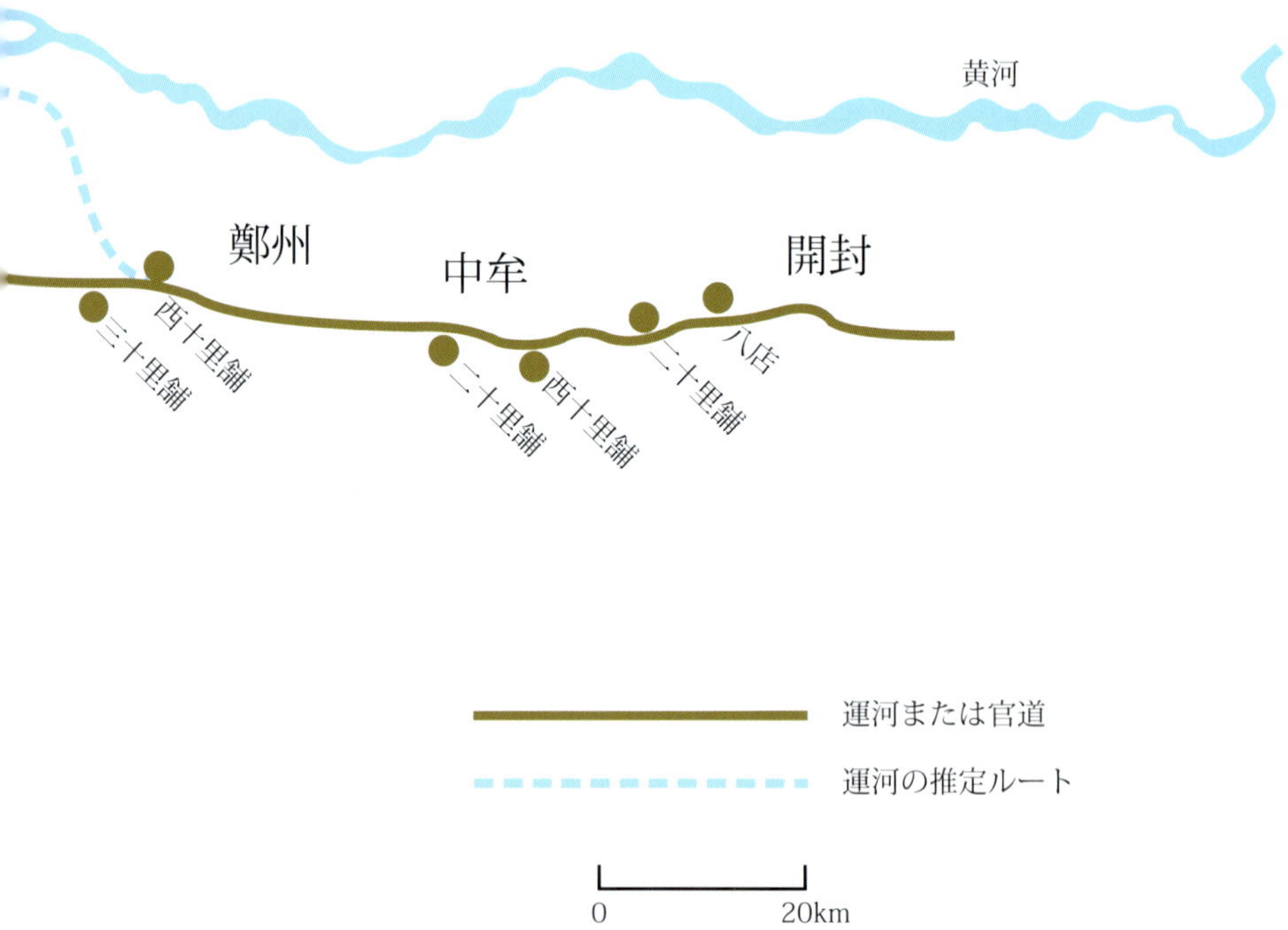

図9　古代の宿場「舗」と「店」の地名が付く集落

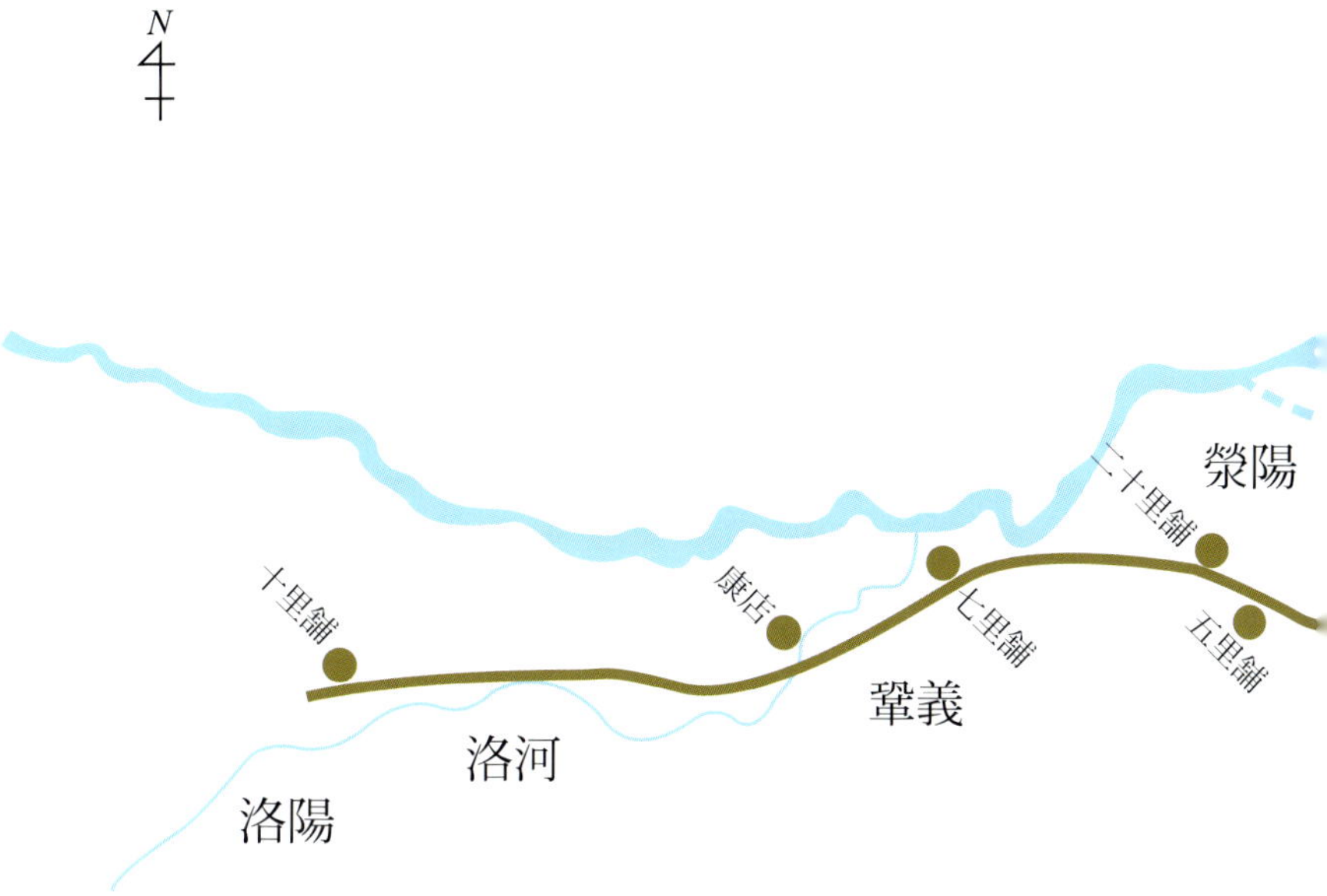
N
滎陽
二十里舗
五里舗
七里舗
鞏義
康店
十里舗
洛河
洛陽

したようである。遣唐使は六五九年十一月一日の冬至に各国の使節と共に宮殿の祝賀行事に参加している。六八四年には則天武后は首都を長安から洛陽へ移している。七三三年第十回遣唐使の際、関中平原は長雨が続いて飢饉に陥り、玄宗は七三四年一月七日に長安を出発し洛陽へ避難した。遣唐使もやむを得ず長安から洛陽へ行き、四月になってやっと皇帝に拝謁している。この遣唐使に同行していた栄叡と普照は七三三年洛陽の大福先寺に入り、正式な具足戒を授けられている。

「通済渠」開封から洛陽まで――消失した運河を宿場「舗」と「店」の地名によりあぶり出す

開封から洛陽に至る大運河通済渠《つうさいきょ》のルートは、開封から西の鄭州を通り、鄭州の北に位置する滎陽で黄河につながっているといわれていた。滎陽からは黄河を上流にのぼり、鞏義から黄河に注いでいる洛河を遡行し洛陽に達していたらしい。現在開封から鄭州を経て滎陽から黄河につながる運河は埋没しており、運河がどこを通っていたかは不明である。そこで古代に運河や官道の宿場であった「舗」と「店」の字が付く地名を百度地図でピックアップし、運河と官道をあぶり出したのが図9である。開封から八店、二十里舗……と宿場の名が残る地名をつなぐ作業により、黄河沿いに洛陽に達するルートが描き出された。このルートはおおむね国道三一〇号線の近くを通っている。鄭州の北を通り滎陽付近で黄河につながるルートは、宿場の字が付く地名はなかった。しかし鄭州の北部恵済区、恵済橋、楊橋などに河道の遺跡が残されているとのことで、この部分の運河の推定ルートは点線で描いた。鄭州から西へ三十里舗、五里舗、二十里舗を経て七里舗までのルートには唐代に自然の川はなかったので、陸路として官道が通っていたと思われる。洛河の河口から洛陽までは

定鼎門
龍門大仏

上：定鼎門（隋唐洛陽城の南門）
下：龍門大仏／龍門石窟でもひときわ目を引く大きさで、唐代に則天武后の命により造られたものである。

自然の川が利用されていたが、洛河はかなり蛇行があるため、無駄が多く、部分的には洛河沿いに直線的な運河も掘られていた。

通済渠は冬の渇水期には水が少ないので運河が閉鎖されることが多く、この時期に浚渫《しゅんせつ》などの補修工事を行っていた。毎年春三月清明節の日には運行を再開していたとのことである。秋から冬にかけて開封付近を通る遣唐使は、開封から洛陽までは水路を通らずに陸路を通っていた可能性がある。

記録に残っているものとして、八四五年五月円仁は帰国のため長安を出発、洛陽を経て鄭州に着き、ここから開封までは陸路をとっている。八五六年円珍は洛陽から開封まで行った時に、黄河では船便を使い、鄭州から開封付近までは陸路をとっている。八六四年三月長安に向かう高丘親王は、開封まで船で来た後、開封から洛陽までは陸路を使っている。成尋は先に述べたごとく、開封から洛陽まで馬に乗っている。

なお隋、唐代にはこの開封・洛陽間に、大運河で運ばれてきた食料の倉庫が設置されていた。洛河河口の鞏義にあった洛口倉は周囲十キロメートルの壁に囲まれており、三千の穴倉を兵士三千人で警備していたという。

sanmonkyo

三門峡下流の黄河

（十八）天下の険・函谷関と「三門峡」

三門峡は黄河沿いに位置する東西交通の要衝で、二千八百年前の西周時代には皇帝の弟が領主として君臨していた。一九九〇年代に数多くの古墳が調査され、馬と共に馬車を埋葬した大規模な馬車軍団の発掘は、大きな反響を呼んでいる。三門峡の由来は、神が斧で高い山をバッサリと切り開き人門、神門、鬼門と呼ばれる三つの険しい峡谷を作ったという伝説による。現在は二十キロメートル下流に作られた黄河堰堤の影響で、峡谷がダム湖に変わりおだやかな景観になっている。ここから三十キロメートルほど黄河上流へ行ったところが函谷関《かんこくかん》で、古来より中原と関中の間にある最大の難所として知られていた。二千二百年前楚が周辺諸国を集め連合軍で秦を攻めた際にも、函谷関で頓挫し敗走させられている。絶壁が連続している険隘《けんあい》な峡谷の中で谷底に唯一の平坦部があり、古代に城が作られた。城壁は東が千八百メートル、西が千三百メートルの規模であったといわれている。

図10は現代の地図から古代の宿場「舗」、「店」などの字が付く集落をピックアップしたものである。宿場の地名は国道三一〇号と省道三一三号沿いに分布していたので、官道はこの二本の道路近くを通っていたようである。なお「舗」、「店」以外に省道沿いに官庄という地名があったが、「庄」は「店」の意味を含んでいるので官の施設が宿場を兼ねていた可能性がある。官道口はこの場所に官道が通っていたことを示す確実な地名として追加した。洛陽から長安に向かった遣唐使が通った官道としては、図のごとく二本のルートが考えられる。このうち洛寧を通る道は実測距離が非常に長

現在の三門峡はダム湖になっていた

く、また霊宝に入るまでにかなり高い峠越えが待っている。日程上、晩秋から初冬にかかる遣唐使にとって、山道は凍結の危険があり、先導する役人は避けた可能性が高い。最も考えやすいのは、三門峡から函谷関を通る正規の官道ルートであろう。しかし、八四五年五月に円仁が長安から潼関を経て洛陽へ向かった時には、函谷関を避けて洛寧を通るルートを選んでいるようである。二百五十キロメートル余りを十日間で走破しているので順調な旅であった。霊宝から洛河に入った後スピードが出る下りの船便を利用する意図があったのかもしれない。

図10　古代の宿場「舗」・「店」などの地名が付く集落

N
黄河
八里店
十里舗
三門峡
観音堂
函谷関
霊宝
官道口

dokan

大黄河が直角に方向転換／左上から流れ下ってきた黄河は、
左から右へ直角に方向転換している。

（十九）大黄河が直角にターンする「潼関」

潼関へ向かうため長距離バス駅へ行くと、潼関は小さな町なので直行便はなく、西安行きのバスを利用して途中下車するとのことであった。しばらく走ると高速道路になり、時々停車しては客が乗り降りしている。車掌にしっかり頼んでおいたので、ちゃんと潼関で降ろしてくれた。しかし降り立ったところは高速道路上で、停留所の看板も何もなく、すぐ横を車がビューンと通りすぎる。よく見ると高速道路に張りめぐらされた金網に破れ目があり、これが出口になっていた。草むらに踏み跡があったので高速道路から下へ飛び降りた。かなり遠方に見える人家の方へ歩いていくと小さい集落があり、食堂を見付け中へ入った。土地の老人の話では、潼関から百キロメートル下流に三門峡ダムができた後黄河の水位が上がり、岸辺にあった潼関の旧市街が水没したので新しい町に引っ越しさせられたとのことであった。

潼関の目当ては何といっても黄河が直角に曲がっている地点で、中国の地図を見る度に目が止まった場所である。町からタクシーでちょっと走ったところが目指す港口で、小高い丘に登った。六百キロメートル彼方のモンゴル高原から真っしぐらに流れ下ってきた大黄河が、目の下で突然直角に方向転換していた。何という雄大な自然の妙であろう。しばらくその場に立ちつくしていた。この丘は観光スポットでないらしくまわりには誰もいない。

潼関の地は古くから洛陽と長安の間にある要害として最も重視されていた。潼関の北は黄河が行く手を阻み、南は峨峨《がが》たる秦嶺山脈が立ちふさがっているのである。ここに最初の城が築かれたの

潼関／狭い谷間を通りぬけると関中平原になる。

は後漢の末で、その後、隋、唐もしっかりした城塞を造営している。唐代には大部隊の駐屯軍を送り込み守りを固めていた。潼関は天下の要衝であるだけに数多くの戦乱も発生し、後漢末、曹操は守備隊を撃破して関中に軍を進めている。唐代には安禄山が潼関を突破したところ、知らせを聞いた玄宗はもはやこれまでと四川省へ逃げのびている。唐末には黄巣軍が潼関に達し、首都の命運を決する戦闘が起きている。潼関の農民は予備軍として租税が免除され、また現在の住民の多くは駐屯軍の末裔とのことである。

choan

華清池

始皇帝陵と驪山／建物右手、緑の小山は始皇帝陵。後方は驪山。

（二十）世界に開かれた都「長安」

華清池から長安の玄関長楽駅へ

潼関を出発し、谷間をしばらく走ると、険しい山並みが出現した。これが中国五大山の一つ華山である。遣唐使もこの山々を眺めながら先を急いだことであろう。しばらく走ると谷は開け、唐の根拠地である関中平原に入ったことを実感した。この地は東西に長い盆地の形状になっている。北面は豊かな水をたたえた渭水（渭河）が濠の役割を果たし、南面は帯のように伸びる秦嶺山脈が城壁のようにそそり立つ。守りを固めやすい要衝の地として長きにわたり都が築かれた。潼関から百キロメートルほど進み臨潼地区に入ると左手に驪山《りざん》が見えてきた。山のふもとには兵馬俑で有名な始皇帝陵や、楊貴妃が入浴した華清池がある。華清池一帯は風光明媚な温泉地で、周に始まり、秦、漢、隋、唐まで歴代皇帝や貴族の別荘が作られた。唐代には華清宮が造営されたことで

右：滻河十里舗橋／滻河を渡ったところが十里舗である。水面は滻河。
左：十里舗の坂道／十里舗は起伏に富む景色の美しいところで、唐代には長楽駅が置かれていた。

この地が華清池と呼ばれるようになったのである。白居易の長恨歌の中に「春寒賜浴華清池、温泉水滑洗凝脂」と詠まれたことはよく知られている。近年の考古学的調査で発掘した唐代の海棠湯（貴妃池）など、五ヶ所の浴槽跡が展示されている。玄宗は長安城禁苑近くの梨園に中国で初めての音楽学校を作り、歌舞芸術を育成したが、時にはこの施設の舞姫や楽師達を引き連れ華清宮で宴を催したといわれている。

　華清池まで来れば西安はあと三十キロメートルの距離で、間もなく遣唐使南路の旅は終わる。三十分ほど走り滻河にさしかかったところで、写真撮影のため車を降りた。西安の南に位置する秦嶺山脈から流れ下ってきた、きれいな水をたたえた川の対岸は西安の市街地で、遠くに高層ビルが林立しているのが見える。橋を渡ったところは十里舗で、庶民の住宅地になっている。このあたり一帯は長楽坡と呼ばれており、坡（坂の意）という字が示す通り起伏の多い土地である。唐代には十里舗に、洛陽方面へ向かう官道最初の駅となる長楽駅が設置されていた。異国からの賓客を出迎え、遠くへ旅立つ友を見送る送迎の地として親しまれ、多くの詩にも詠まれてきたのである。長楽駅には唐政府の駅館以外に、多くの旅館や商店が軒を並べ、また長安に近い滻河沿いに位置していたので、一時期には黄河や渭河を経て運ばれてくる物資の集散地としても繁栄していた。玄宗皇帝は春になると楊貴妃を連れ、花の咲き乱れる長楽坡へ行楽に出掛け、滻河のほとりにある望春宮に泊まったとのことである。

第十八回の遣唐使はこの長楽駅に二日間宿泊し、この間に皇帝の命を受けた勅使が馬を二十三頭引き連れて出迎えている。第十九回遣唐使の場合も同様で、長楽駅まで勅使の出迎えがあったと円仁の記録に出ている。

長楽駅から長安の城門に至る

長楽駅から長安城に入る際、最も近いのは東の通化門、次いで春明門になっていた（図11）。通化門は宮城や皇城（官庁街）に近いため、通行は厳しく制限されていた。葬送、軍隊の出征、凱旋、姫の輿入れ、地方長官の任地への赴任などの際、通化門を通ったといわれており、時には皇帝や大臣が臨席した。長安の城門については、通化門の論文を書かれている李健超氏から詳しい説明を受けた。通化門は西安市街北東に位置するシャングリラ金花ホテルの西南にあったとのことである。現在通化門の場所は古い住宅地になっており、長楽駅（十里舗）から約四キロメートルの距離になる。旅人が長楽駅から長安城に入る場合、一般的には春明門を利用していたようである。通化門から南へ一・九キロメートルに位置している。遣唐使と別れ五台山の巡礼の後に長安へやって来た円仁は、滻水橋を渡り通化門外の寺でひと休みしてから、春明門外の鎮国寺に泊まり、二日後に春明門から城内に入っている。円仁の後輩円珍は、春明門外の旅館高家店に滞在しながら、遅れている友人僧

●通化門跡

●春明門跡

の到着を待っていた。この間、在唐経験が長い従者の丁満を城内に送り、寺との連絡を取っている。しかし旅館での宿泊が長くなったため、町役人に怪しまれ尋問を受けたので、その後、春明門より城内に入っている。

なお西安市内で遺跡を調べていた時、遺跡間距離の想定値と市販地図を使った測定値に、東西方向だけ大きな差があるのに気が付いた。この原因に関し航空写真により市販地図の検証を行ったところ、四種類の地図すべてに同じ誤りがあった。すなわち西安市の西半分に比し東半分は、縮尺率が最大二割ほど低くなっていたので注意を要する。

上：通化門跡付近（シャングリラ金花ホテル）／ホテルは東側の第二環状線沿いに位置している。このホテル後方数百メートルのところに通化門があった。

中：地下鉄通化門駅／現在は地下鉄工事中。この駅の南西に通化門があった。地下鉄が開通し生活が便利になる反面、工事にともない埋蔵文化遺産が破壊されることを心配する市民も多い。

下：春明門跡（西安理工大学南門）／唐代の春明門の近くは現在西安理工大学、西安交通大学など大学と興慶宮公園がある閑静な地区になっている。

- 興慶宮
- 東市
- 朱雀門
- 鴻臚寺
- 鴻臚客館

右：**興慶宮公園**／興慶宮は玄宗皇帝が私邸として造営した宮殿で、跡地は公園になっている。
左：**朱雀門**／唐代には皇城の正門であった。この門をくぐり左に数百メートル歩いたあたりに、鴻臚客館が建っていたと考えられている。

まず鴻臚客館に案内される

長安の街の様子や遣唐使の長安における行動は、妹尾達彦・古瀬奈津子両氏の著書に詳しく紹介されている。春明門の外には、遠方から長安にやって来た旅人が利用する旅館がたくさんあった。また当時は旅人を春明門まで見送るのが常とされていたので、門の内側も商店や飲食店でにぎわっていたようである。東西の幅二十三メートルの大きな城門の威容を目の前にした旅人は、門をくぐったところで幅百二十メートルと広大な道路を行き交う人や荷物を運ぶ車の多さに驚いたことであろう。門からちょっと歩くと右手に興慶宮の豪華な門が出現、さらに前へ進むと一キロメートル四方の巨大な商業施設である東市を左に見るのである（図11）。遣唐使は役人に先導され、春明門から五キロメートル離れた皇城（官庁街）の正門である朱雀門まで行く。門から皇城に入りすぐ左へ折れると、外務省に相当する鴻臚寺があり、付属施設の鴻臚客館《こうろきゃくかん》に案内される。この建物は最も重要な政府の迎賓館で、ウイグルの使節団五百七十三人を泊めた記

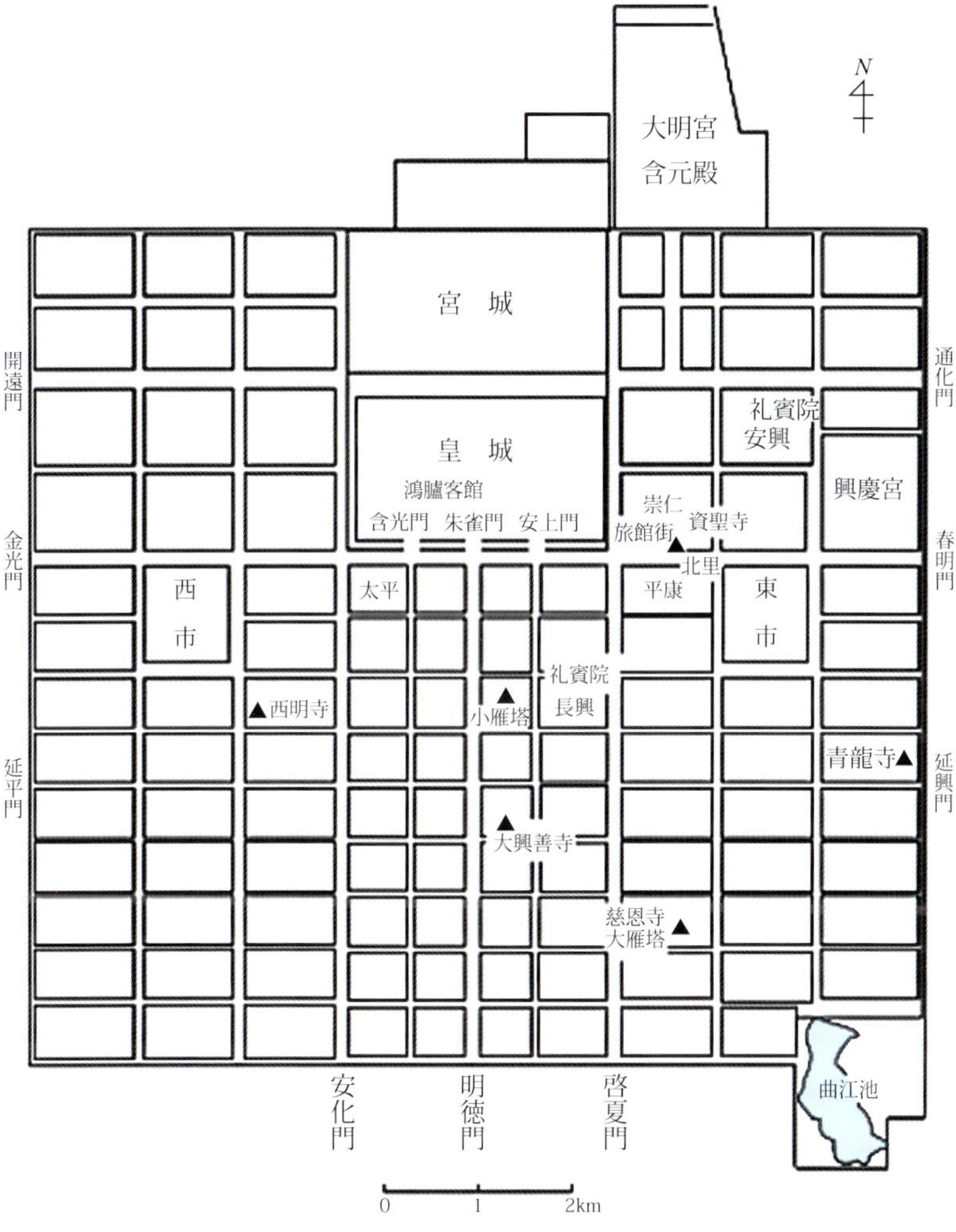

図11　唐代の長安城

（中国科学院考古研究所西安唐城発掘隊「唐代長安城考古紀略」『考古』1963 年改変）

上：鴻臚客館跡地／広い跡地の中で城壁に面したところは、小さなホテルや酒楼のある瀟洒な通りになっている。
下：長興坊礼賓院跡（現在の南梢門）／右奥の南梢門東南角あたりに遣唐使が泊まる礼賓院があった。写真は朝の早い時間で車はほとんど通らない。左手前の屋台ではおばさんが朝食の油条（細長いあげパン）や豆乳を売っていた。

録があるほどの大きなものであった。これ以外にも遣唐使が泊まった客館として、皇城の外に外宅と呼ばれる礼賓館があった。当初は通化門近くの安興坊に置かれていたが、その後長安中央の長興坊に移転したらしい。

　朱雀門の外側には立派な濠があり、濠の内外は公園である。城の周囲十四キロメートルをぐるりと公園が取り巻いているので総面積は実に広大で、人の多い西安でもさすがにここだけは静かである。一九八五年城壁改修時に朱雀門の発掘調査が行われ、遺跡のすぐ西側に現在の朱雀門を建てたので、現在の門の位置は唐代とほぼ同じと考えてよい。門をくぐって左に行ったところが、鴻臚客館の跡地である。歴史を感じさせる瀟洒な住宅街の中に、酒楼、レストラン、商店などが立ち並んでいる。現存する城壁の中は、法律で建物の高さが制限されているため高層ビルが建てられない。中心部で地価の高い場所は三十階クラスのビルでないと採算が合わないので、城壁内だけはビルの新築工事がほとんどない。幸か不幸か開発ラッシュから完全に取り残された地区になっているのである。城壁内は市の真ん中に位置しているので、表通りだけは銀座、新宿のように華やかである。しかしちょっと裏手へまわると、突然昔の暮らしが目に飛び込んでくる。古い町並みが手つかずのまま残されているので貴重である。城壁内の西北部は回教徒系住民の多い地区であるが、奥の方へ入っていくと清代かと思われるほどの古典的な家々が続いている。狭い路地に市が立ち荷車が並び、古い時代の白黒写真で見たことがある風景そのものが今も生きている。

唐長安城を散歩する

唐の長安城は隋の時代に計画都市として作られたもので、後に大明宮が造営されるまでは宮城と皇城を中心にすえた完全な左右対称の形態をしていた（図11）。唐は隋の城をそのまま受け継ぎ、建設を続け都市を完成させたのである。外側の城壁（外郭城）は東西九・七キロメートル、南北八・六キロメートルで、当時としては世界に類がない巨大な規模であった。市の中心からタクシーに乗って随分走ったなと思っても、大抵は外郭城から外へは出ておらず、よくぞこんなに大きなものを作ったものだといつも感心させられる。長安城の建築にゴーサインを与えた皇帝もさることながら、このようなプランを思いついた設計者はよほど気宇壮大な人物であったに違いない。長安の市街地は一辺が五百〜千メートルほどの土塀に囲まれた、坊と呼ばれるブロックから構成されていた（図11）。東市は巨大な総合ショッピングセンターで、ここから大明宮まで長安城の北東部は宮殿や官庁に近いため、貴族や高級官僚の邸宅街になっていた。一方西市を中心とした西側は庶民の街で、商人、職人、役人、西域の外国人などが住んでいた。

図12を用い、外郭城が現在の市街地のどのあたりに位置しているのかを眺めてみることにする。

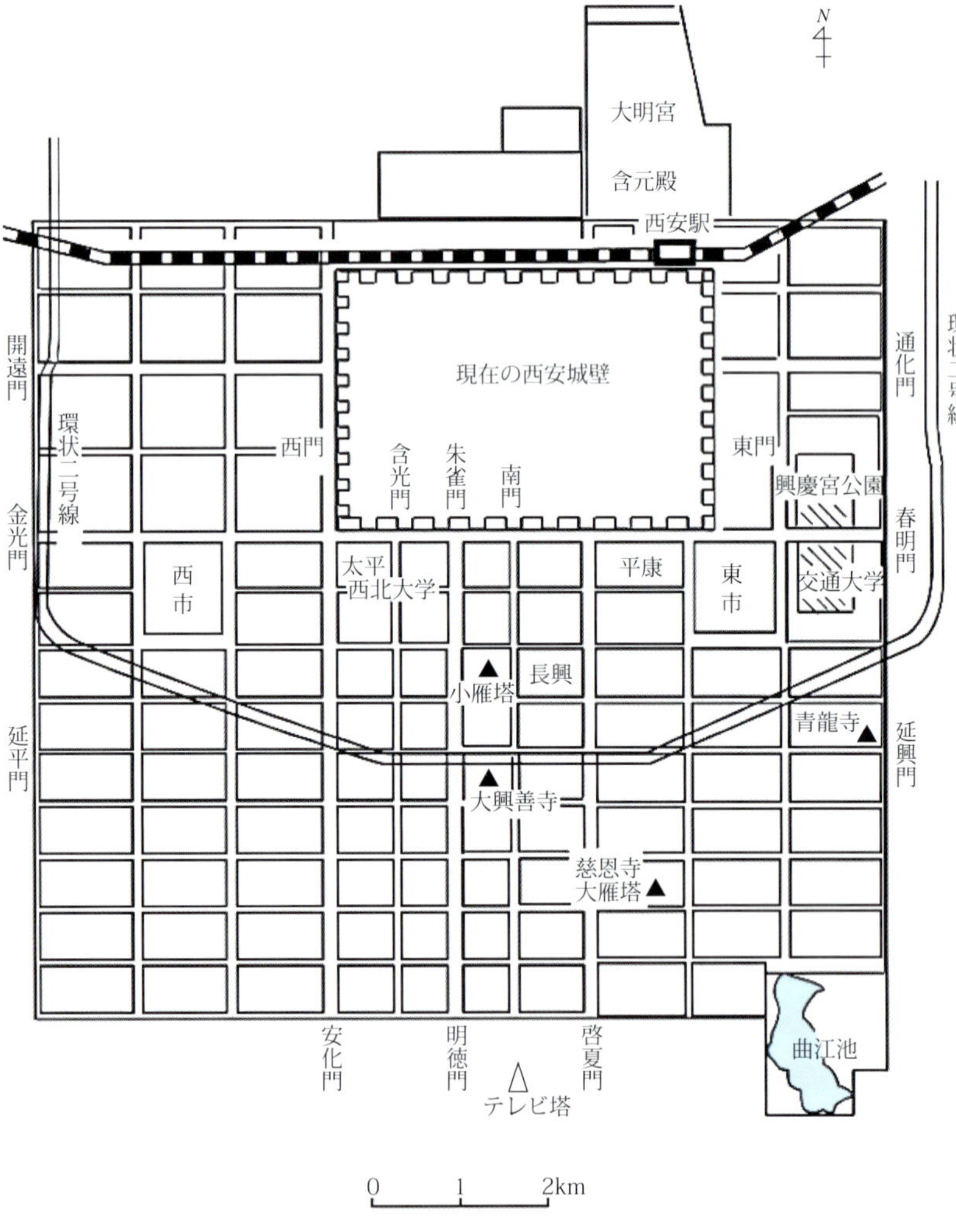

図12 現在の西安と唐代の長安城
（中国科学院考古研究所西安唐城発掘隊「唐代長安城考古紀略」『考古』1963 年 改変）

西の城壁は環状二号線の位置になり、東の城壁は環状二号線より数百メートル内側にあったと考えてよい。北の城壁は西安駅よりちょっと北のラインになる。南へ方向を転じると、大雁塔とテレビ塔は高いので見付けやすいが、南の城壁はこの二つの塔の中間くらいに位置していた。このように理解すれば、外郭城はもう頭の中にインプットできたも同然である。次に唐代の皇城、宮城が現在の市街地でどのあたりになるのかを調べてみる。現在残っている城壁は、明代に作られたものである（図12）。城壁の西側と南側は、唐代皇城の城壁に重ねて作られている。したがって南側の城壁に沿う現在の道路は、唐代の金光門から春明門まで城を貫いていた幅百二十メートルの大通りとほぼ同じ位置である。また現在の含光門、朱雀門、南門は、唐皇城の含光門、朱雀門、安上門とおおむね同様の位置になっている。一方現在の城壁内を眺めてみると、西寄りの場所で北三分の一は宮城、南三分の二は皇城に相当する。このように理解すれば、唐長安城全体がすっかり頭にイメージできたはずである。西安城壁の上にはレンタル自転車があり、一周することができる。地図を片手にぐるりとまわり、城壁から全体像を眺めた後に町へくり出すと良い。ここは唐代に宮殿であった場所、ここは官庁街、ここは貴族や高官が住んでいた地区などと思い浮かべることは簡単である。西安は都市開発ラッシュで急激な変貌をきたしているが、現在なお唐代の骨組みはしっかり保存されているのである。

右：城壁に登って城内を眺める／城壁の内側は建築規制で高層建築はなく、景観が立派に保存されている。こんな大きな城壁が町の中心部にデンと構えていては、さぞかし交通のジャマになどと考えるのはよそ者。土地の人は「西安に城壁がなくなったらもうおしまい」と言うくらいの愛着を持っているのである。
左：城壁から城外を眺める／眼下に濠の水面が見える。濠の両側は公園になっており、その外側は城壁一周道路である。城壁の外側は住宅建築ラッシュで、新築物件はおおむね 30 階ほどの高層マンションである。

右：南門から城内を眺める
左：城壁を解剖する／含光門を発掘調査したあと、そのまま博物館として展示している。城壁は突き固めた黄土でできており外側はレンガでカバーされていた。

上：大雁塔／大雁塔は小雁塔と共に唐代の建築がそのまま保存されている代表的な仏塔である。高い建物がなかった唐代には遠くからでもはっきり見えたので、遣唐使も見たに違いない。

下：発掘された含光門

上：槐（えんじゅ）の 並木道／左は西安駅前解放路の民生百貨店。唐代にはこのあたりは大明宮前の邸宅街で皇族、貴族が住んでいたが、現在は庶民的な地区になっている。西安の並木はプラタナスと槐が多い。

中：回教寺院前のカップル／西安城壁内西北部は回教徒住民の多い地区で、回教寺院がいくつもある。

下：夏の風物詩 すいか／朱雀門でラグビーボール型の大きなすいかが売られていた。道路が広いので車を停めて店開きしてもじゃまにならない。くだもの店は町の片隅で贈答用の盛籠を売っている程度で目立たない。中国のすいかは水のように淡白な甘味で、いくら食べても食べあきない。

上：大明宮の含元殿遺跡／大明宮遺跡は西安駅のすぐ裏手になっており、遺跡公園として市民に親しまれている。
中：含元殿復元模型／含元殿は大明宮の正門を通った後最初に現れる巨大な建物で、朝賀の儀式などを行う最も重要な施設であった。
下：含元殿前広場／発掘調査で含元殿の前は広大な広場になっていたことがわかった。中央に見える建物は、大明宮の正門になる丹鳳門。元旦の朝賀の際、遣唐使は丹鳳門をくぐりこの広場を通って含元殿に入ったことと思われる。

皇帝に拝謁

遣唐使にとって第一の目的すなわち外交の舞台となったのは宮殿である。当初は宮城の大極殿が使われていたが、第三代高宗の六六二年、宮城が低湿地のため新しく大明宮を建設した。この宮殿はひときわ高い場所に建てられており、城内全体を見渡すことができた。その後は四代、五代皇帝の時に宮城の地に戻ったが、玄宗皇帝から後はほとんど大明宮が使用されている。大明宮の跡地は、河南方面からやって来た人達の村になっていたが、大がかりな立ち退きの後、考古学調査が行われた。現在は発掘された場所が展示され、広大な遺跡公園として利用されている。宮殿における遣唐使の様子については、八〇四年第十八回遣唐使の帰国報告（『日本後紀』巻十二）に詳しく書かれている。

八〇四年十二月二十三

日遣唐使は接待係である監使の案内で礼賓院に落ち着き、次の日に日本からの国書と貢納品を監使に託して皇帝（徳宗）に奉進した。しばらくして監使がやって来て皇帝の言葉を伝えた。十二月二十六日大明宮麟徳殿で皇帝と対面後、宴が催された。年が明けた一月元旦大明宮含元殿で朝賀の儀に参列。二月十日監使が持参した答礼品を受け取った後、長安を出発し帰途についた。なお一月二十三日皇帝の死去で一月二十八日に喪服を着て死を悼む儀式に出ている。第十六回、第十九回遣唐使の場合も第十八回遣唐使と同じような形式で皇帝と対面したようである。

遣唐使が長安に滞在した期間は二〜三ヶ月ほどであった。日本では藤原京、平城京、平安京など唐代に新しい首都を何回も建設しており、遣唐使に参加していた技術者集団が長安の都をつぶさに見学し、いろいろな技術を習得する必要があったことと思われる。唐では外国人が国内を自由に歩きまわることや市場での買い物は禁じられていた。そこで皇帝との対面を利用して、見学や買い物の許可をもらったのである。唐政府は積極的に日本からの留学生や僧を受け入れ、多数の人材が育成されている。しかし八〇〇年代唐の後期になると政府に余裕がなくなり、八三八年の第十九回遣唐使では、長安まで同行した留学生、僧に

上：西安の劇場で宮廷ショーを見る／宮廷における宴で披露された音楽を復元している。鐘、太鼓、鼓、琵琶、箏（古琴）、笙、笛など唐代の楽器を使って、宮廷音楽が演奏される。遣唐使は宮廷で宴に招待された際、このような音楽を聞いたことであろう。

下：宮廷の舞い

は長期滞在の許可が出なかった。わずかに、楚州にいた円載に天台山行きの勅許が出たのみであった。

巨大な唐代ショッピングセンター「西市」と「東市」

長安の街は数多くの商店と手工業の事業所を有していたが、特に豊富な物産と技術の粋が集まる西市と東市には、遣唐使の技術者達も強く引き付けられたに違いない。彼らは専門分野に応じて東西の市へ見学に行ったと思われるが、筆者の経験からすれば長安での滞在数ヶ月はあまりにも短い。あっという間に帰る日がやって来て、技術の習得まで至らなかったと考えられる。むしろ人数制限のため長安まで行けず、海岸の都市に取り残され半年を過ごしたグループの方は、人間関係を築く時間があり、研修成果が上がったことであろう。

西市は発掘調査が行われ、博物館として発掘現場がそのまま展示されている。『西市宝典』によると、西市は一辺が一キロメートルほどの正方形で、囲の字型に九つの大きなブロックに分けられていた。このブロックを隔てる道路は幅が十六メートルで真ん中は馬車道になっていた。博物館に展示されている馬車道には深い轍の跡が残されていたが、雨の日にはぬかるみで通行が大変であったらしい。調査によると大部分の店舗は小さく、間口四メートル、奥行三メートル程度であった。商品で最も多かったのは日用品であるが、金細工、宝石、楽器、薬から墓石に至るまで何でも揃っていた。市の取り締まりを行う市署は度量衡を厳しく管理していた。陶製のそろばん玉が発掘されたことで、そろばんもすでに使われていたことがわかる。市は正午の太鼓の音とともに営業が始まり日暮れとともに終了、夜は門が閉められ治安は良好であった。西市では商店以外に旅館、飲食店、酒家も繁盛していた。西域人が経営する酒家の胡姫が客を引き付けている様子は、李白の詩「少年行」に詠まれている。「五陵の年少金市(西市)の東、銀鞍白馬春風をわたる、落花踏み尽していずれの処にか遊ぶ、笑って入る胡姫酒肆の中」。長安では西市周辺を中心として高鼻、緑眼の西域人が大変多く住んでおり、西域の風習に染まる若い男女が多かったとのことである。

一方東市は貴族、官僚の邸宅街に近いので高級品を多く扱っており、問屋、小売店が整然と配置されていた。高級料亭は東市周辺に多く、東市の隣には北里と呼ばれる大きな遊郭があった。唐代は貴族による世襲制の政治に代わり、科挙に合格した官僚が台頭していた。この頃の小説に、科挙を目指し父親から二年分の学費を渡されて、地方から上京した若者の話が出ている。彼は旅館に下

1：発掘された西市の道路(西市博物館)／道路の両側には溝が掘られていた。

2：西市の復元模型(西市博物館)／西市には運河が引かれており、全国から渭河を通って長安に運ばれてくる荷物は、この運河で西市にも運ばれてきた。

3：唐代のそろばん(西市博物館)／西市で陶製のそろばん玉が出土した。

4：歌舞劇院／妓女が華やかな舞を披露した北里(平康坊)の近くには、現在古典芸能の学校歌舞劇院が建てられ唐の伝統が今も受け継がれている。

宿し勉強していたが、ふとしたことから妓女と親しくなって学費を使い果たし、父親から勘当される結果となった。この北里の向かいは、科挙の受験生が多く下宿する旅館街になっていたのは皮肉なことである。

長安の春節

春節（旧暦正月）を長安で迎える遣唐使の一日は、宮殿での朝賀で始まった。『中国風俗通史』によれば、元旦の朝賀は早朝に行われ、役人達が夜明け前に宮殿に参上したので、真っ赤に燃えるたいまつを持った人が列をなし、道路が明々と照らし出されたとのことである。朝賀には長安の役人以外に地方に住む役人も参列したので、大明宮含元殿前の広場には、膨大な数の人が集まったことと推定される。遣唐使の宿舎になっていた礼賓院は当初安興坊にあり、大明宮に近かったが、後に小雁塔隣の長興坊に移転したのでかなり遠くなってしまった。大明宮まで六キロメートル、凍りついた夜道を一時間半行くことになり、さぞかし寒かったことであろう。中国では元旦は、夏、商から秦の時代まで十月や十二月などに設定され一定しなかったが、二千年余り前、漢武帝の時に陰暦の一月一日を一年の初め元旦と決定した。唐の政府は節句を大切にしており、元旦には七日間の休暇が与えられた。八四二年に長安で春節を迎えた円仁の記録では、元旦には竹竿に幡《はた》をかけて新年を祝い、長命を祈願したと書かれている。唐代には元旦になると親しい友の家へあいさつに出掛け、迎える家ではごちそうを出して客をもてなした。また真新しい服を着た子供が飛びまわっている様子が詩に詠まれており、現在の西安とよく似ている。元旦になると嫁に行った娘が実家に帰る習慣、屠蘇の酒を飲んだことも同じである。

春節の公園／木の枝にたくさんの提灯がぶら下がっており、夜になると灯がともり華やかになる。

最近の西安では春節の一週間前頃になると、大勢の人が街へくり出し、普段はほとんど客の姿が見えない高級デパートも人でごった返している。大晦日には昼間から鞭炮（爆竹）が始まり、夜になると何百何千という場所で大きな花火が打ち上げられ空が煙で真っ白になる。窓を閉め切っても鞭炮と花火の音が大きく、テレビはボリュームを上げないと声が聞き取れないほどである。にぎやかさを通り越し、もう沸騰状態になっているのである。除夜の鐘とともにひっそりと新年を迎える日本とは、まことに対照的である。元旦の朝は鞭炮も散発的に聞こえるが比較的静かである。親しい方の招待を受け家庭の春節を経験させてもらったことがある。香りの良い白酒で乾杯した後、涼粉（豆のでんぷんで作るところてん）、腊肉（ハムに似た塩漬け肉）、煮魚、きゅうり、れんこん、子豚の豚足などなど、おせち料理が次々と出された。いかにも手作りという感じで、温かみにあふれた家庭料理である。ひとしきり食べたところで、あつあつの水餃子（ギョーザ）がいっぱい出てきた。餃子の中身はおじいちゃん自慢のもので、肉入りと野菜入りがある。これは本当においしい。中国の正月は一族が集まってわいわいと餃子を作り、みんなで食べるのが毎年のメインイベントとのことである。

お祝いに欠かせない鞭炮(爆竹)

鞭炮を初めて見たのは、西安市街地で遺跡の写真を撮っていた時のことである。目の前の公務員会館に大きな車が止まり、真っ白なウエディングドレスの花嫁が降り立って建物へ入っていった。婚礼だなと思って間もなく、突然パパパンと耳をつんざくような大音響。もうもうと白い煙が立ちこめ、思わず十メートルほどバックした。お祝いと景気づけの鞭炮であることはすぐにわかった。それにしてもびっくりした。すぐ近くに人がいるのにいきなりパンとは。めでたいことなので、このパンはところかまわずということらしい。鞭炮の歴史は二千年前の楚の国まで遡り、竹を焼くと爆裂音が出るので当時は爆竹と呼ばれていた。この音を正月に鳴らし厄病神を追い払ったのである。唐代にはいくつもの節がある竹竿を燃やし、爆裂音を連続的に出している。一方、唐の時代、皇帝の命により不老長寿の仙薬研究が盛んに行われたが、思いがけなく硝石、硫黄、炭を混ぜたものが爆発することがわかり、火薬となって鞭炮が作られた。鞭炮は中国では春節以外に婚礼、大学合格、建物落成などお祝いや式典に欠くべからざるものである。日本の子供が遊んでいるおもちゃの爆竹とは用途が全く違っている。大規模なものは一万連発まであり、迫力満点だが危険性も大きい。

火薬は不老不死の研究中に発明されたものであるにもかかわらず、爆弾や鉄砲に転用され人を殺傷するのに使われ始めたのは皮肉なことである。しかし歴史はここで終わらなかった。近年強力な火薬のダイナマイトすなわちニトログリセリンは狭心症の発作に著明な効果を発揮することが偶然にわかった。現在救急薬として人の命を救うという本来の目的に立ち返って、世界中で広く使われ

餅（ビン）と包子（バオズ）／左側の円盤状のものが餅。小麦粉で作ったパンをギューッと圧縮した感じ。厚みは 1 ～ 1.5 センチメートル程度。塩、砂糖、バターなどの味付けは一切なく、実にシンプルな食感である。何もつけずにごはんだけ食べるのに似ている。小さく見えるが 1 個でうどん 1 杯ほどの量があるようで、2 個食べると後がつらい。右は包子（肉まん）。普通は豚肉入りであるが西安のイスラム街で買ったので牛肉入りになっていた。どちらも 1 個 1 元。

ているのは不思議なめぐりあわせである。

長安のごちそう

遣唐使は長安で毎日どんなものを食べていたのであろうか？　八四一年長安の資生寺に滞在していた円仁の記録を見ると、立春節の際、粥を食べる時に「胡餅」をもらったと書いている。「餅」といえば小麦粉で作ったパンを、ペチャンコに圧縮した円盤状のものである。現在の西安では食事の際に、米飯の代わりに餅を食べているのをよく見かける。携帯に便利で、おなかがすいた時にちょっと食べるのにも良い。唐代の初めはキビやアワなどの粒食が主であったが、西域から小麦の粉食が伝わった。西方から伝わった「餅」という意味で「胡餅」となったものであろう。この頃の長安では西域人が胡餅の店を開いていたとのことである。アンズは現在の西安近辺で広く栽培されている果物で、唐代にはアンズ入りの「餅」が食べられていた。きっと甘くて好評であったことと思われる。一月十五日の元宵節には浮団子という丸いダンゴを煮て食べていたので、遣唐使の口に入ったかもしれない。『中国風俗通史』によれば、玄宗皇帝はちまきに蜂蜜をつけて食べるのが好きであったとのことである。料理としては、西市や東市に中華料理や西域の料理店があった。魚鱠と呼ばれる鯉などを使った煮物、鶏肉、豆腐、きのこの料理などがあり、西域からのチーズも売られていた。ワンタンは唐代にはあったようであるが、餃子を正月に食べる習慣ができたのは明代になってからである。フルーツとしては、なつめ、柿、リンゴ、桃、ざくろなどが食べられていた。ざくろはイラン原産で、仏教の経典と共に西域から伝わったといわれており、現在西安近辺では畑で栽培されているのをよく見るが、九月になると露店に出まわってくる。菓子は乾燥させたなつめや柿などを材料にして甘い味を出していたようである。後になって砂糖きびの汁を煮つめて飴状にしたものが出ている。外国旅行で珍しいものを口にするのは大きな楽しみの一つであるが、

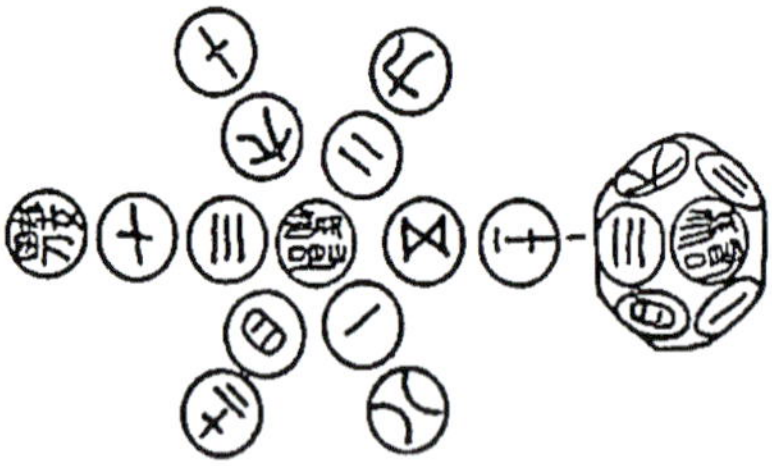

上：宴会で西安料理を食べる
下：図13　酒宴の席で使われた唐代のサイコロ（王昆吾『唐代酒令芸術』知識出版社、1995年）／数字が1～12まであり漢字の書かれた面が2つあるので計14面になっていた。客は妓女とどのようなゲームをしていたのであろうか？

唐代の食生活はかなり豊かで、遣唐使も賓客としておいしい食物に出合う機会が多かったように思われる。

隋、唐以前は中原が戦乱で荒れ地と化し農作物が不足していたので、禁酒令を出されることが多かった。しかし唐代には社会の安定、灌漑の普及などで農業生産が飛躍的に伸びた結果、酒が許可され酒造業が発達した。もち米などを原料とした黄酒系の酒以外に西域から伝わったぶどう酒も飲まれていたので、遣唐使は宴席で珍しい酒を味わったことと思われる。唐代には宮廷や私的な宴席で、酒令といわれる粋な遊びが流行していた。典籍を題材に教養を競うゲーム、サイコロを使うゲームなど酒令の本が出されたほどいろいろな遊びがあり、罰ゲームとして酒を飲まされた。北里では妓女がゲームの進行係を務めることもよく行われた。この進行係には教養がありが舞もうまくアルコールにも強い、三拍子揃った美女が選ばれたそうである。

茶は古くは茶の葉をそのまま鍋に入れ煮出して飲まれていたが、唐代には蒸した茶を圧縮して作った固形の茶が出まわった。現在固形のプーアル茶として売られている茶の原形であろう。この茶を茶挽きで粉末にし、煮出して飲んでいたが、茶の味も良くなった結果非常にもてはやされた。唐代に流行した粉末の茶は留学僧により日本へ輸入され、日本の茶道で使う抹茶として残されている。現在の中国茶道は作法にこだわりはなく、茶の味と香りを徹底的に追求することに重点が置かれている。緑茶以外に白茶、黄茶、青茶、黒茶、紅茶など茶葉の種類が多く茶の味も多彩で、極めて奥が深い感がある。茶葉の大きなものでは、細長い円筒形のガラスの器で茶をたてると、葉が開いた後で水中花のようにきれいな色と形を観賞させてくれる。西安の喫茶店ではコーヒーはほとんど飲まれておらず、緑茶やウーロン茶に人気がある。なお現在の中国では抹茶は飲まれていない。

遣唐使留学生達の青春

(一)阿倍仲麻呂

西安で遣唐使の話をした時に、日本人の名前で出てくるのは阿倍仲麻呂と空海である。阿倍仲麻呂は七一七年第九回の遣唐使で唐へ渡った留学生である。有力な貴族の出身であったので、十九歳という若さで日本から従者を連れてきている。遣唐使幹部の努力により、エリート養成校の太学に入学することができた。彼は期待通り科挙の進士に合格したが、百人に一人か二人の合格率という最高の難関であった。仲麻呂は進士合格者達と共に、曲江池で行われた皇帝の祝宴に招かれ、ここでエリートへの道が開けたのである。官吏としては、皇太子宮の図書館勤務を振り出しに、主として文科畑を歩いた。天性の素質が次第に開花して玄宗皇帝に目をかけられ、また詩文を通じ李白、王維ら著名な詩人達とも親交を結んでいたようである。三十六歳で五品の位すなわち高級官僚に昇進したが、このスピード出世は思いがけない結果を招いた。七三三年、待ちに待った迎えの船がやって来たのであるが、仲麻呂が唐で重要な役職に就いているという理由で、皇帝は帰国願いを却下してしまった。おそらく玄宗は側近の仲麻呂を気に入っており、手元に置いておきたかったのであろう。この後、さらに二十年を経た七五三年の遣唐使船で帰国の途についたが、なんと船がベトナムまで漂流、九死に一生を得て長安に戻った。結局日本の土を踏むことがかなわず、七十三歳で生涯を閉じた。阿倍仲麻呂は不幸にも日本では活躍できなかったが、高級官僚として皇帝の側近を何十年間も務め、日本と唐の橋渡しに尽力したその成果は計り知れないと思われる。

青龍寺

空海記念碑

(二) 吉備真備

吉備真備は、阿倍仲麻呂と同じ遣唐使船に乗って唐に渡った留学生で、高見茂氏の著書に詳しく紹介されている。彼は太学など正規の国立学校ではなく、外務省系列鴻臚寺の教室で、歴史、法律、兵法、天文、暦などありとあらゆる学問を修めた。長安滞在は十七年の長きに及んだので、学校だけでなく仕事の現場にも赴き、即戦力を身につけたことと思われる。帰国後は最高の教育機関である大学寮で教えながら、大学の教育を改革し中国語教育にも力を入れた。吉備真備は法律、兵法、建築などすべてのことに通じた実務型官僚として貴重な存在であったが、藤原氏専横の嵐の中で、彼の公平さは敵にうとまれる存在にもなった。政府の中枢で国の舵取りを行っていた七五二年、突然に遣唐副使の役をまわされたのである。二十六年後立派に責任を果たし帰国した。吉備真備は、天皇が若い時の先生を務めていた関係で天皇家の信頼が厚く、その後は右大臣まで務め上げた。唐政府による人材育成の成果が最も発揮されたのが、この吉備真備といえよう。

(三) 空海

空海は十八歳で京都の大学寮に入り、三十歳頃に東大寺で受戒したとのことである。八〇四年、第十八回遣唐使留学僧に選ばれ日本を出発したが、暴風で船がはるか南に流され八月に福州へ漂着した。海辺の住民に怪しまれたので、空海の代筆で州長官あての手紙を書いたといわれている。やっと上京の許可が得られ十二月に長安に到着することができた。年が明け八〇五年二月に西市近くの西明寺に入り密教を勉強、経典を手にしている。五月には東市南方の青龍寺に移り、恵果に師事、口伝で密教の真髄を学びとった。三ヶ月後の八月には早くも阿闍梨《あじゃり》位の灌頂を授けられて、密教の免許皆伝となった。中国語能力に関し、日本人はほとんど会話はできなくても筆談は可能である。ヨーロッパ系の留学生は全く逆で、聞き取りと発音はすごいが、筆談になると全くダメというケースが多いのである。空海は教科書を使わず師との会話だけで勉強したからには、聞き取りと発音はよほどできたのであろう。日本での修行時代に漢人の先生について、何年間も会話を学び高度なレベルに達していたに違いない。空海は三十歳の時に留学しているが、多くの留学生が二十歳前後であったのに比べ、やや遅かった。もし唐での留学が二十年ほどになった場合、帰国した時には五十歳前後である。寿命が短い当時としては晩年で、あれほどの活躍はできなかったに違いない。しかしながら、一年遅れの遣唐使船一艘が唐に到着するという稀有な幸運にめぐまれ、この船で帰国したので留学期間は二年足らずで済んでいる。空海は半年余りという短期間で灌頂を受けた天才的な能力に加え、一年遅れの船をつかむ強運の持ち主でもあったのである。

1

2

1：**曲江池**／長安城の東南隅にあった風光明媚の地。ここは皇帝のお気に入りで、東の城壁沿いに皇帝専用道路が作られていた。進士の合格者は、曲江池で行われる皇帝の宴席に招かれるのが通例であった。この宴には多くの貴族が娘を連れてやって来たが、エリート目当ての婿選びであったといわれている。現在この地域は高級住宅地になっている。

2：**青龍寺**／発掘調査の後復元され、跡地に大きな寺院が建てられた。唐代には寺の近くに延興門があり、このあたりが外郭城の城壁になっていたことがわかる。

3：**興慶宮公園の阿倍仲麻呂碑**／興慶宮は玄宗皇帝の私邸として使われていたが、１キロメートル四方と実に規模の大きなものであった。皇帝側近の阿倍仲麻呂は、興慶宮の宴席によく呼ばれていたのであろう。

4：**空海記念碑（青龍寺）**

この身は異国に埋もれても魂は故郷に帰らん

二〇〇四年十月、西安で「遣唐使留学生井真成《せいしんせい》の墓誌発見」のニュースが報道され日本で大きな反響を呼んだ。この墓誌は西安の東を流れる滻河東岸にある建築現場で発見され、西北大学歴史博物館に収蔵されたものである。墓誌が発見された東岸は遣唐使が長安城に入る直前に通過するところで、唐代には多くの墓地があった。井真成については『遣唐使の見た中国と日本』に詳しく書かれている。東野治之氏の墓誌読み下し文を要約すると以下のようになる。

「姓は井、名は真成。国は日本。天賦の才能を認められ遠く日本から唐へ派遣された。長く続けた学業がまだ終わらない途中で不幸に見舞われ、開元二十二年一月礼賓院で亡くなった。享年三十六歳。皇帝はあわれに思い特別に官位(五品上)を贈った。官で葬儀を行い滻水の高台に埋葬した。遠い外国から来た人の死は特に悲しい。体は異国に埋もれても魂は故郷に帰らんことを願う」

井真成が亡くなったのは開元二十二年(七三四)一月で、逆算すると渡唐したのは十七年前の七一七年第九回遣唐使の際である。この時、彼は十九歳の若さで、同期の留学生に阿倍仲麻呂、吉備真備らがいた。七三三年八月に第十回遣唐使の船が蘇州に到着したことは、官僚になった阿倍仲麻呂を通して彼の耳にも入ったことであろう。十七年ぶりに迎えの船がやって来たのである。これで親兄弟、友達に会うことができる。将来の栄達も約束されている。遣唐使の一行は十二月中に長安に入ることはできるので、井真成と会った可能性がある。正月を遣唐使と一緒に過ごし、晴れて帰国する矢先の死である。三十六歳の若さでは成人病やガンは少ない。西安の冬は日本と比べはるかに寒気が厳しく、火の気がない家で衣服も不十分な中、体力が弱っていたのであろう。原因とし

井真成墓誌拓本（西北大学王維坤氏写真提供）

ては、インフルエンザによる肺炎が最も考えやすい。過去のスペイン風邪の際には、世界中で何千万という人が死亡している。いよいよ呼吸が苦しくなり、日本にはもう帰れないと悟った時の無念さはいかばかりであったろう。

井真成の身分については、七一七年に出発した遣唐使留学生でなく、七三三年に出発した遣唐使

上：滻河東岸／井真成の墓誌はこのあたりで発見されたのであろうか？現在は紡績関係の町になっている。初夏の６月、うっそうと茂るプラタナスの並木が涼しい。

下：西北大学実際寺記念亭と留学生宿舎／西北大学で校舎を建てた時に実際寺の遺跡が発掘され、大学の博物館に展示されている。鑑真は唐代に実際寺で戒を授けられたので、しばらくこのあたりで生活していたであろう。右後方の建物は留学生宿舎で西域のウズベキスタン、カザフスタン、東南アジア、東方の韓国、日本の留学生が仲良く勉強している。唐の時代にこれらの国々から多数の留学生が長安へやって来たという伝統は、今なお続いているのである。

の判官(使節の高官)との意見も出ている。留学生の身分でいきなり五品という極めて高い官位を贈られるのは異例である。科挙に合格したエリート官僚の阿倍仲麻呂ですら、七三四年にやっと従五品下に昇進している。迎賓ホテルで亡くなったのも十七年目の留学生としてはおかしい。しかしながら七三四年は大飢饉のため、井真成が亡くなる前後に皇帝が洛陽へ避難している。洛陽までは四百キロメートル、二週間前後の行程で、厳冬期に護衛の大部隊を伴う移動は大変である。長安は役人が洛陽へ引っ越しするため混乱の極みであったので、井真成の墓もあわただしく作られた可能性がある。墓誌の文面は通り一遍で、井真成を全く知らない担当官が作ったものかもしれない。大混乱の中で作られた常套句だけの文章であれば、どの部分が本物でどの部分が形式だけなのかわからない。これでは留学生か判官かを断定するのはむずかしい。墓誌の中で、「長く続けた学業がまだ終わらない途中で」が本人と一致するものであれば留学生説が濃厚である。しかしこの文章が付け足し程度の軽さで書かれたものならば、留学生の線は弱くなる。

なお井真成墓誌が収蔵されている西北大学は、唐代太平坊の場所がそのまま大学の敷地になっている(図11・12)。皇城のすぐ前という重要な場所に当たっていたので、大学の地面を掘れば古代の文物がたくさん出てくるのである。大学の博物館には、構内で発掘された漢、隋、唐代の文物が多数展示されている。一九九三年には構内西南で隋代創建の実際寺遺跡が発掘されている。日本になじみの深い鑑真は七〇六年(十八歳)に長安に入り、七〇八年(二十歳)この実際寺で戒を授けられている。

我が国はいつ頃国名を日本と決めた？

井真成の墓誌に「国号日本」と書かれていた。我が国はいつ国の名を日本と決めたのであろう？日本古代の史書には、国名をいつ日本と定めたかの記録は残されていないのである。『続日本紀』には慶雲元年（七〇四）七月一日の項で「第八回遣唐使が七〇二年楚州に上陸した際に唐人から質問され、日本国の使者と答えた」と記述されている。最も古いものは『新唐書』に見られ、東夷伝の日本の項に「日本は以前倭奴と呼ばれていたが、咸亨元年（六七〇）の日本の使節によると、国名を倭より日本に改めた」と記載されている。しかしこの『新唐書』が実際に編纂されたのは、これから四百年も後の一〇六〇年（宋代）である点がやや気にかかる。最近西安で発見された六七八年の祢軍墓誌に、日本という文字があり、実物で確認されたものでは最も古い。一方唐政府が作った井真成の墓誌（七三四年）にも日本と書かれていたが、これは七三四年にはすでに日本の国名が国際的に認知されていたことを示す確実な証拠として貴重である。

それでは、現在の国名を最も古くから使っている国はどこ？ これは断トツで日本。千三百年間も同じ国名を使い続けているのは、世界中で日本だけである。

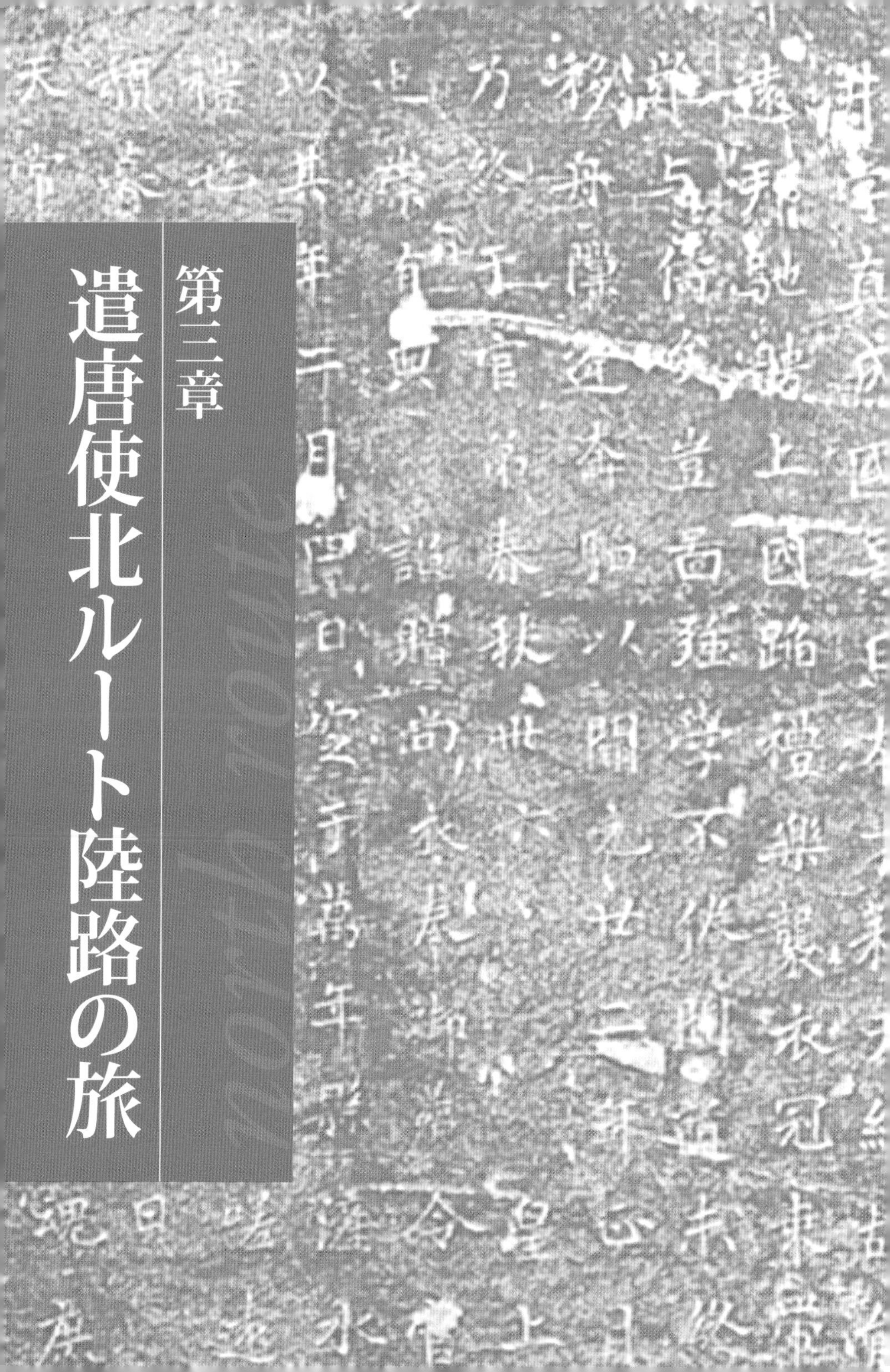

第三章

遣唐使北ルート陸路の旅

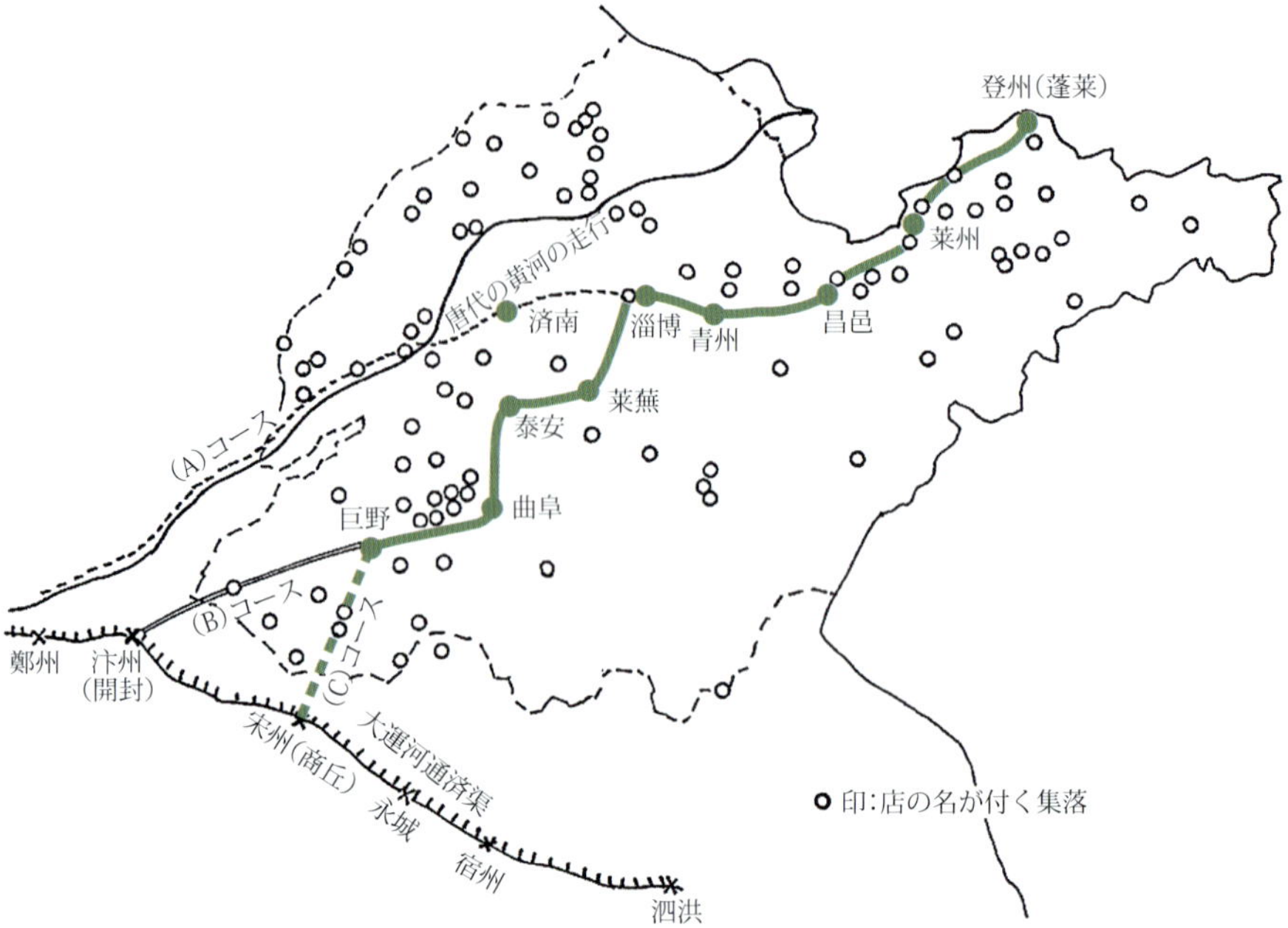

図14　古代の宿場「店」の地名を持つ集落(山東省)

筆者が調査した北ルートの道

山東半島の登州方面から長安を目指した北ルートの遣唐使が、どの道を通ったかについては、資料が極めて少ない。そこで官道(国道)の中で、幹線道路には古代の宿場「店」が多く設置されていたので、店の分布を見ることにより幹線道路をさぐることにした。図14は山東省七十二万分の一の地図を用い、「店」の字が付く地名を現在も使っている集落を抽出し、○印を付けたものである。登州(蓬莱)〜青州間では○印は北の海岸寄りに分布しているので、幹線道路は北寄りになっていたと考えられる。一方青州から開封、洛陽方向では、○印は唐代黄河の西側と東側に多く分布している。○印の集中する方向を見ると、幹線道路でまず第一に考えられるのは、極めて古い時代から中原と山東を結んでいた済南経由の黄河沿いコース(A)である。一方大運河通済渠の水運が便利になった唐代以後は、青州から大運河を目指すルートも使われたと推定される。○印の集中する方向を見ると、青州から曲阜を通り大運河に出る際には、巨野～開封（B）、巨野～商丘（C）のコースが考えられる。（A）、（B）、（C）どのコースが多く使われたかについては、結論が出せない。

コースの選択は、遣唐使の集団を案内する役人が、楽で安全という基準で決めていたことであろう。黄河の水流が安定していれば、（A）の黄河コースは下りが特に楽で速い。黄河が使えなければ（B）または（C）になったかもしれない。筆者はとりあえず巨野から大運河に最も近い（C）巨野～商丘コースをとりあげ、北ルートの登州から青州を経て商丘までを調査した。

上：**巨野への道**／商丘から巨野を通って曲阜に向かう。まわりは見渡す限りの平原で、さえぎるものは何もない。
下：**巨野の町並み**

kyokufu

孔廟／ガイドに案内され南城壁の門をくぐったところに孔子廟があった。歴代皇帝に手厚い保護を受けていただけに、規模の大きな建築群と立派な樹木に圧倒される。1キロメートルにも達するろうそくのように細長い敷地の最奥に、中国木造建築の粋ともいわれる大成殿が建っていた。

(一)孔子のふるさと「曲阜」

曲阜《きょくふ》は孔子生誕の地として大変有名であるが、市街地人口が十万に満たない小さな町であった。郊外から町に入ると間もなく城壁が見えてきた。鼓楼街の城門をくぐり城壁内に入ったとたんに、何百年もタイムスリップしたような錯覚にとらわれた。すべてが映画のセットのように古色蒼然とした建物で統一されている。筆者が大学に入学した当時の金沢は、まさに中世の町をそのまま現代まで持ち越したような景観で、このような都市がまだ日本に残されていたのかと、大変驚いた記憶がある。しかし曲阜は、当時の金沢よりもっと時代が遡っている。予約してあったホテルは、寺の僧堂のような感じで、エレベーターのない三階建てになっていた。相当な年代物と思われるが、室内はきれいに整頓されている。曲阜は紀元前十一世紀西周の時代に魯国の都が置かれたところで、その後秦に滅ぼされるまで八百年続いている。考古学的調査によると、城壁は南北二・五キロメートル東西三・五キロメートルに及ぶ大きなものであったらしい。現在の城壁は後になって魯国城壁の西南部に小さく作りなおされたもので、一辺が一キロメートルほどになってしまった。

ホテルを出て孔廟のあたりをウロウロしていると、ガイドの札を下げた若い女性に出会ったので魯国遺跡の案内を依頼した。まず周公廟に行く。魯の開祖周公旦を祀ったものである。入口に曲阜魯国故城と書かれた碑が置かれていた。ここは魯国古城の中央部に相当し、宮殿が建っていたとのことである。次に古城の城壁遺跡を見せてほしいと依頼したところ、行ったことがないという。考古学的調査で孔廟の周囲一〜二キロメートルほど離れたところに城壁の盛り土が発見されている。

秦より古いので二千二百年以上前とすれば、城壁はレンガではなく突き固めた土で作られているが、風雨でけずられかなり低くなっていると考えられる。このような漠然とした情報をガイドに伝えたが、とても見付けられるものではない。しばらくして運転手に電話が入り、遺跡の場所が判明した。孔廟から北西一・五キロメートルの郊外にさしかかったところに、魯国故城遺跡の石碑が建っていた。

上：曲阜の魯国故城遺跡
中：曲阜旧市街／曲阜は孔姓が多く、市街地の住民では半数以上が孔家の一族とのことである。
下：孔府／孔家の歴代嫡流は王族のような地位待遇を与えられてきた。孔府は孔家の住居で孔廟に隣接している。中国の伝統的建築様式で、前半分は公務や接客のスペースで、後方は家族の生活の場になっている。

水割りでびっくりさせる

日も暮れかかり、城門のイルミネーションが徐々に輝き始めた。城壁をくり抜いて作られたバーがあったので、夕食前のアペリティフにと立ち寄ってみた。バーの中は城壁そのままレンガ壁がむき出しで、天井が高くなかなかの趣である。ウイスキーの水割りを注文したところ、ロックにしたウイスキーとコップに入れた水を持ってきた。そこでウイスキーの中になみなみと水を注ぎ込んだところ、バーテンダーのおじさんは大そう驚いた顔をしている。このような飲み方は、長いバーテンダー生活で初めて見たとのことである。確かにアルコール類を水で薄めて飲む水割りというのは、世界の中で日本にしかない。日本においても大昔からあったものではなく、四十年前に始まったものである。

よく考えてみれば、日本酒やワインを水で薄めるのはとんでもないことであり、このバーテンダーがびっくりしたのは無理からぬことであろう。

曲阜の城門

taian

上：岱廟入口の岱廟坊
下：中国三大宮殿の一つ
天貺殿

(二)聖地泰山の町「泰安」

ヒマラヤ山脈をはじめ、数多くの高山を持つ中国では、千五百三十二メートルの泰山は決して大きな山とはいえないが、天下第一の名山として圧倒的な人気がある。泰山は古くから国家権威の象徴とされ、前漢の武帝ら名だたる皇帝達が泰山に登り、封禅という儀式を行っていた。二千二百年前の秦時代以前には、七十二人もの皇帝が泰山に来たと伝えられている。

朝早くにふもとの町泰安に到着したが、あいにく雨模様である。とりあえず登山バスに乗り、標高八百メートルほどの中天門に向かった。バスが終点に着いた頃には、ガスがかかり始め眺望は良くない。なんとか途中で晴れてくれることを願って、ロープウエーに乗りかえ標高千四百メートル余りの南天門まであがる。しかし、濃い霧が立ちこめ全く前が見えない状態である。頂上までもう少しのところまで来たが、写真も撮れないようでは引き返すしかなかった。

昼食に温かいものを食べたところ元気が出てきたので、町へ出掛けた。泰安は単なる登山基地ではなく、由緒ある建築物が多く、泰山と共に長い道のりを歩んできた歴史の町ともいえる。道路が発達し、汽車の駅も備わっており、予想したよりも大きな町であった。岱廟は泰山の登山口に位置する広大な廟で、皇帝が封禅の儀式で泰山に登る際には、ここで式典を行っていた。門をくぐると、目の前に巨大な岱廟坊が姿を現す。敷地にはうっそうと大木が茂り、樹齢幾百年たる柏の古樹も多い。ここでとりわけ大きな天貺殿《てんきょうでん》は、中国三大宮殿の一つに数えられている。

shibaku

臨淄の鉄道駅／古代の官道ルートは臨淄から濰坊まで汽車の線路に沿っているので、時々汽車を見かけた。

(三)古代の宿場「張逍村」(淄博)と金嶺駅

泰山を車で出発、莱蕪を経由して、山東半島のつけ根の部分に位置する淄博市《しはくし》に到着した。ここから山東半島先端の蓬莱までは約三百キロメートル、東海道の東京~名古屋間に相当する。登州《とうしゅう》(蓬莱)に上陸した遣唐使は、唐の役人に案内され、現代の国道にあたる官道を通り淄博を経由して、長安に向かったと考えられる(図15)。山東半島を縦断するルートは、官道の中でも特に重要な道路(御道)であったので、今に伝わる資料がある程度残されており、数多くの地点で官道の位置を特定することができた。この作業には、唐代にこの地を踏破した円仁の旅行記、明代の官道図が大変役に立った(図16)。また古代に官道上にあった集落が、現在も同じ名前を使っているケースがかなり存在することが判明した。これらの集落は、百度地図を詳しく調べることにより、漏れなくピックアップした。

円仁は登州を出発し、張逍村《ちょうしょうむら》(淄博)まで西へ西へと歩いたが、今回の調査旅行では円仁とは逆に、淄博から東に向かい同じルートをたどることになった次第である。淄博市張店区から国道三〇九号線に入り、東へ十四キロメートル走った地点で省道一〇二号線に転じ、さらに東へ十七キロメートル行ったところで、目的の金嶺鎮(金嶺駅)に到着した。円仁は金嶺駅の王氏宅で宿泊しているが、主人は正直で丁寧にもてなしてくれたと喜んでいる。また西方ははるかに長白山が見えると書いているが、現在このあたりは煙突の多い工業地帯になっており、遠くの山は見えなかった。この集落は回教徒系住民の居住区で、集落の入口に金嶺回族鎮の標識が出ていた。唐の時代、金嶺には駅が置

図15 古代の官道ルート

N
黄河
芙蓉駅（昌邑）
至済南
張逍村（淄博・張店区）
金嶺駅（金嶺鎮）
淄水駅（臨淄）
石羊村（石石羊村）
堯王山
青州
聖水
朱劉鎮
大橋村
半城村（昌楽）
孤山
孤山村（北楽埠村）
官路村
北海県（濰坊）
王耨村
円仁は孤山村の近くで
渤海の使節と出会った

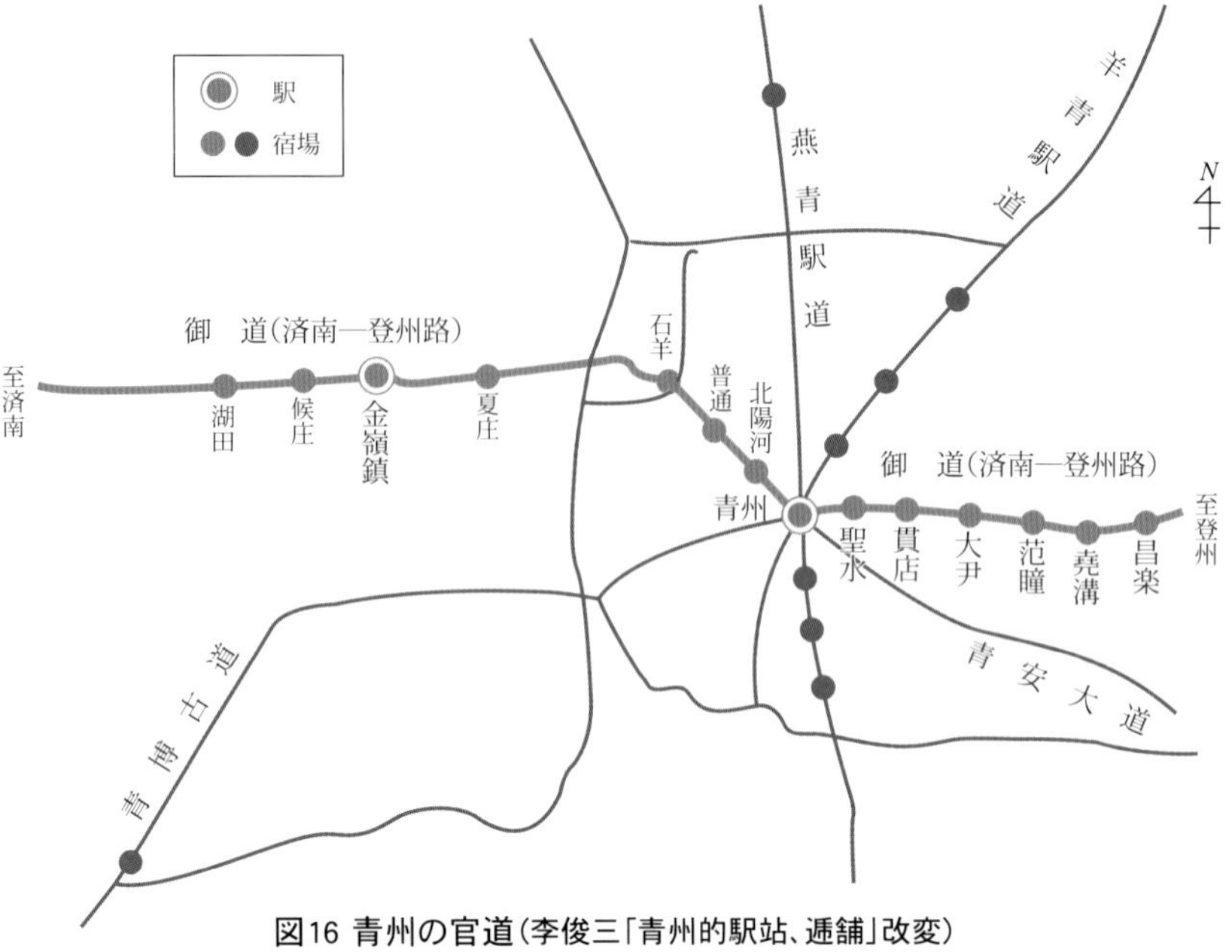

図16 青州の官道（李俊三「青州的駅站、逓舗」改変）

青州から放射状に出ているのは明代の官道で、沿線に駅と宿場が設置されていた。この中で、済南と登州を東西に結ぶ道は皇帝の道を意味する御道と呼ばれ、最も重要な官道であった。

かれていたので官道の中でも特に重要な場所で、ある程度大きな集落を形成していたと思われる。現在も村よりワンランク上の鎮という名が付けられており、このあたりの中心地区になっている。

中心小学校の門前で写真を撮っていると、学校の保安員二人がやって来て、何の目的で写真を撮るのかと、いぶかしそうに聞く。確かに他人の家の玄関までやって来ていきなり写真を撮るようなもので、失礼なことであった。自分は日本人であることを告げ、千二百年前に日本の僧侶がこの村に泊まり世話になったことを説明した。丁度良い機会であるので、近くにいる人に古い時代の宿場跡が残っていないかを尋ねてみた。しかしながら、みんな口々に知らないと言う。いつの間にか大きな人垣ができていた。好奇な目で見つめられてはいたが、好意的なことはすぐにわかった。

上：金嶺鎮／イスラム系住民の集落で、村の入口には回族鎮の標識が出ていた。

下：金嶺鎮中心小学校／校門で写真を撮っていると、いつの間にか自分のまわりに大きな人垣ができていた。

太公望の都 淄水駅（臨淄）

金嶺から省道を東へ十キロメートル走り、臨淄《りんし》に到着（図15）。円仁は淄水駅《しすい》に来たことを簡単に記しているが、単に通過しただけのようである。淄水駅は、円仁の記録によると金嶺駅から東へ二十五里（十二・五キロメートル）、石羊村《せきようむら》（石石羊村）から西へ十五里となっている。金嶺から十二・五キロメートルの位置ということで、淄水駅は現在の臨淄中心部に相当すると考えられる。臨淄は春秋戦国時代には山東省を治める斉の都が置かれていたところで、当時は大きな都市として栄えていたのである。斉の初代の領主は、日本でよく知られた大公望呂尚である。彼は長安の渭水で魚釣りをしていた際に周の文王に初めて会い、後に数々の戦功をあげたことにより、斉国を与えられた。現在の臨淄は小さな町で、ちょっと走るとすでに通り過ぎていた。人家が途切れたあたりに大きな淄河があり、対岸は斉王の陵墓になっていた。

宿場石羊村

臨淄から省道は東南に方向を変える（図15）。七キロメートル行ったところで、石石羊村民歓迎と書かれた看板が見えた。円仁は石羊村の陳氏宅で休み、軽く食事をとっている。村の中に入っていくと、農家の玄関は道路に面していないことがわかった。枝道を奥に入ったところに入口が作られているのであろう。石石羊村からさらに省道を東南へ行くと、すぐ近くに小さな堯王山（堯山）が見えた（図15）。円仁は青州を出発し、間もなく堯山のそばを通っている。山の上に廟があり、雨乞いをすれば雨を降らしてくれるとの言い伝えがあると書いている。円仁はこの日、青州で手に入れたばかりの、正式の旅行許可証を持ち、旧暦四月のまぶしい初夏の陽光を浴びながら、意気揚々と堯王山を通り過ぎていったことであろう。臨淄から青州に至る省道一〇二号線は、国道の二～三キロメートル南を走行している。この沿線には金嶺鎮、石羊村があるので、省道は御道に一致している（図16）。また円仁は、この金嶺と石羊に立ち寄っていることより、彼が通ったルートは御道すなわち幹線の官道と確認されたわけである。

上：石石羊村にて／左手に石石羊村民歓迎と書かれた看板が見える。
下：雨の神 堯王山／標高 334 メートルの小さな山である。このあたりは青州の郊外地区になっている。

seishu

青州城の城壁と濠／濠をまたく万年橋の左に見える城壁は、古代のものが部分的に残っている。左側の青州城から右へ橋を渡ったところには、北の城門があった。

（四）「青州」この町に住みたい

青州は山が近くにせまり、町の中心を流れる川の周辺は緑の多い公園になっている。山紫水明という表現がピッタリの古都である。現在は信州松本ほどの大きさで、こぢんまりした町に過ぎないが、唐代には広大な山東省を統括する総督府が置かれた重要な都市であった。円仁は長い流浪の旅のあと、八四〇年三月、正式な旅行許可証（中国の長期ビザ）を出してもらうために青州にやって来た。八三八年七月に唐の海岸に上陸してから、すでに一年八ヶ月経過していた。はるばる外国へやって来た成果は何も得られないままで、またノービザ状態ではいつ中国を追われるかも知れず、心の安まる日がなかったのである。宿舎の龍興寺から青州府へ出向き旅行許可の申請書を提出し、役所の返事を待つ日が続いていた。

青州博物館／青州博物館は龍興寺跡地に建っている。1996年、博物館に隣接する学校の運動場の地下から、偶然に400余りの仏像が掘り出された。すべて魏代から宋代のきわめて貴重なもので、この年度における中国考古学十大発見に指定された。驚いたことにこれらの仏像は、すべて壊された状態になっていた。円仁が龍興寺に滞在した5年後、武宗が仏教排斥の命令を発し、中国全土の仏教寺院が破壊されることになった。この命令は、長安から1300キロメートルも遠く離れた、青州の地にまで及んでいたのである。

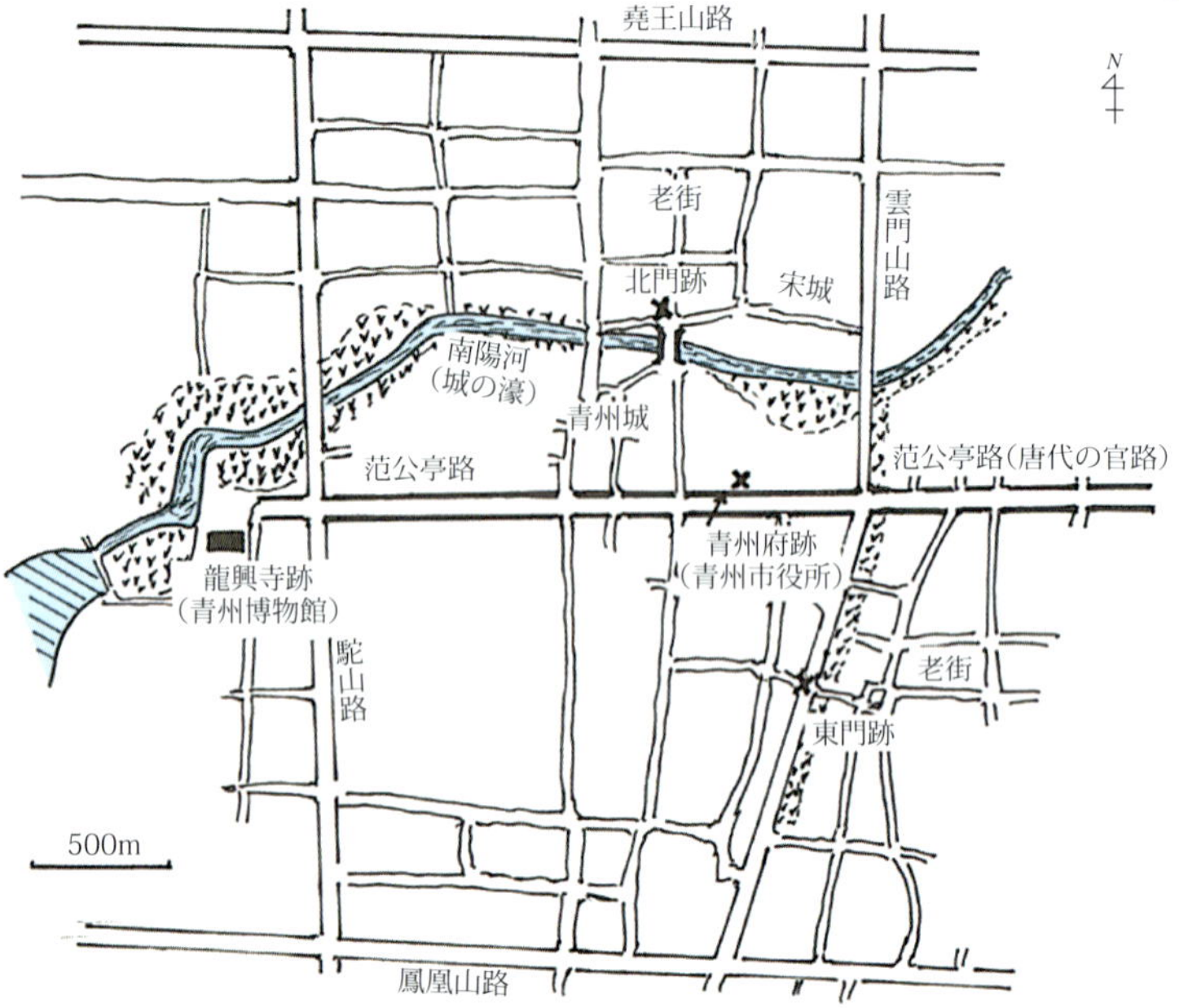

図17　青州旧市街

円仁と同じように、龍興寺跡の青州博物館から青州府跡の市役所まで范公亭《はんこうてい》路《ろ》を歩いてみたところ、三十分かかった（図17）。この道は今では、石畳が敷かれた並木道で、多くの役所が建ち並ぶ官庁街になっている。范公亭路を真っすぐ東へ五キロメートル行くと官道の宿場聖水で、さらに東へ進むと、宿場昌楽に達するので、范公亭路は直接官道につながる道であったと思われる（図16・17）。龍興寺と開元寺は唐政府が官寺として全国の主要都市に設置したものである。外国人に対する客館としても使用されており、第十三回遣唐使は登州の開元寺に泊まり、また第十九回の遣唐使は揚州の開元寺、楚州の開元寺に泊まっている。また円仁は求法の旅の途次に、登州の開元寺、青州の龍興寺を利用している。そこで青州に来た遣唐使も龍興寺に泊まった可能性がある。また旅行許可を申請する際に、円仁と同様に范公亭路を青州府まで歩いたかもしれない。

上：范公亭路／青州博物館から青州市役所までの范公亭路は、石畳が敷かれた古い道で、両側は官庁が建ち並んでいる。このあたりは青州城内に位置している。
中：青州市役所／青州市役所は、唐代の青州府跡地に建てられている。
下：東門／2階建ての店の玄関に東門牛肉店の看板が見える。古代に東の城門があった場所で、正面奥に小さく見えている道路の向こう側は、青州城内になっていた。ここは現在回教徒が住む地区のため、豚肉はなく肉料理では牛肉や羊肉が使われる。

右：東門に続く老街（旧市街）／建物で最も古いものは、明代のものが残っている。ガイドに石畳の年代を聞くと、古過ぎてわかりませんと答えになっていない返事。この道をちょっと歩いたところ、東門跡へ出た。青州にやって来た遣唐使はこの石畳を歩いて東門をくぐったであろうか？

左：再建された龍興寺／龍興寺は円仁が中国のビザをもらうために、2 週間世話になったところである。円仁の 800年代（平安時代）、唐は長期政権が続き過ぎ、政府の基盤がくずれ始めた。阿倍仲麻呂が長安にいた 700 年代（奈良時代）のように、留学僧をゆっくり受け入れるゆとりがなくなってしまったのである。このため、円仁が揚州にいた時、中央政府とのやりとりのあげくビザを拒否され、結局山東統括の州政庁がある青州までやって来た。青州でもこの難題には時間がかかったが、10日間ほどで長期滞在ビザを発行してくれた。10 日間では早馬を出しても長安との折衝は無理なので、円仁を見込んだ長官の恩情で決定したものかもしれない。

青州は唐代に最も栄えたが、龍興寺もこの時代に全盛期を迎え、数え切れないほどの僧をかかえていた。この寺は最近になって駝山のふもと、見晴らしの良い丘の上に再建されている。駝山は古い時代の石窟や石仏で有名な場所であり、由緒ある寺の再建にはふさわしいといえよう。

親切な運転手／午後から雨になった。中国のタクシー料金は、政府によって非常に安く決められているので、日本に比較してはるかによく利用されている。雨の日はなかなかつかまらない。タクシーをしばらく待った後ふと見ると、ホテルの前で三輪タクシーが客待ちしていた。いわゆる輪タクではなく三輪の自動車で、西安の郊外でたまに見かけたが乗るのは初めてであった。後席は意外に広く、ゆったり２人は座れる。前は座席は１つで、運転手が真ん中に座り、丸ハンドルで運転する。運転手は青州に詳しい上に親切で、車の乗り心地も悪くはない。建物を見学している間の待ち料金は、１回目だけ払ったが、２回目以後はお金を返してくるのであった。

大橋村／遠景は孤山。

(五)官道ルートの宿場「昌楽」

青州府跡の前を通る范公亭路から官路村まで、真っすぐ東にのびている五十キロメートルの道路は、古代の官道との接点が次々と出現するので、今回の調査旅行におけるハイライトである。百度地図を用い、あらかじめポイント間の距離を測定しておく。以前、メキシコオリンピックの際に、マラソンコースの距離が自動車の走行距離メーターで測定されたものであることが暴露され問題になった。しかし車の走行距離は筆者の経験上、地図で測定した距離と完全といって良いほど一致している。村道レベルになると道路標識はあてにできないが、走行距離を把握し磁石で方向を確認すれば、ピッタリ目的地に着くことができるものである。運転手にこの手法を説明し、走行距離に目をやりながら車を走らせた。

五キロメートル行ったところで、最初の接点聖水にある聖水廟に到着し、写真を撮った(図15)。ここは明代の官路図で十里地点の宿場とされている(図16)。現在の地名は明代と同様である。ほどなく市街地を抜け田園地帯に入った。広い立派な道路が東に向かい、両側はハウス栽

古代官道ルートの村道を走る／村道の両側は田園地帯で、ハウス栽培が多い。

1

2

培の多い畑になっている。青州府跡から三十キロメートル走り昌楽に到着。市街地に入るちょっと手前は西店村地区で、官道と昌楽駅があった場所とされている。また、ここには古代に昌楽城があり城壁と濠も備わっていたらしいが、現在は農家が点在するだけである。

宋代の詩人李清照は萊州へ夫を訪問する途次に昌楽駅に泊まっている。その際に「蝶恋花……昌楽館寄衆姉妹」なる詩を残している。円仁は青州の龍興寺から六十里離れた半城村に宿泊したが、宿泊費を徴収されたことに対し不満を述べている。この半城村は、車の走行距離と地図上の距離で推定すると、青州から三十キロメートルの昌楽に一致する。また図16においても青州から六番目（六十里）の宿場は昌楽である。これらの事実より円仁が泊まった半城村は昌楽と考えられる。

5

4

3

1：青州から１番目（10 里、5 キロメートル）の宿場「聖水」／聖水廟の門に聖水と書かれている。

2：昌楽古城跡／古代に城壁と官道の駅があった昌楽の西店村地区。

3：昌楽の利民街／官道ルートの村道は小都市昌楽に入り、利民街通りにつながっていた。

4: 大橋村の石橋／村の人は古いものと言っていたが、いつの時代のものかはわからなかった。

5：伝説の山　孤山／孤山は、ふもとに湖があり美しい景観の保養地として、この地方では有名な山である。海抜 266 メートルと高くはないが、洞穴や奇岩があり古来より詩に詠まれ伝説も多い。この山にまつわる謙譲美徳伝説を紹介しておく。孤竹国に２人の王子がいて、非常に仲が良かった。老王は兄弟が譲り合って王位を継がず空位になることを恐れていた。そこで臨終の際に兄を呼び、「わしが死んだら王位は弟に譲り補佐してやれ」と話した。父王の死後兄は、弟に王位を譲っても遠慮するに違いないと考え、城から姿を消してしまった。一方弟も同じことを考え城からいなくなった。数年後、2人はボロを纏いやつれ果てた姿になり、孤山で出会い真相が判明した。互いの謙譲精神にすっかり感動し、大きな岩に伏していつまでも泣き続けた。このため、岩に４つのくぼみができ、涙は川になって流れた。

朱劉鎮の石碑物語

昌楽西店村地区より五百メートルほど走り、市街に入った。青州から通ってきた官道ルートの村道は、町に入り利民街通りに続いていた。道路の両側には新しいビルが立ち並び、山東半島の発展

1

2

3

4

1: **朱劉鎮中心小学校の石碑**／幼稚園のようにカラフルでかわいい小学校。真新しい石碑に、唐代の碑文のことが書かれていた。

2：**朱劉鎮中心小学校の応接室で**／校長先生（右）は山東方言で聞き取りにくかったが、運転手（左）が気をきかせてわかりやすく説明してくれた。

3：**朱劉鎮の陽橋**／校長先生は、この陽橋の近くに古代の官屋があったと聞いたことがあると話してくれた。後方の山は孤山。

4：**朱劉鎮の古い家**／土地の老人に教えられた陽橋近くの古い家。昔の建物はほとんどなくなり、古い壁の一部が改築した家の壁として利用されていた。左側の道路は、官道ルートに相当する村の旧道。

が歴史の古いこの小都市にも及んでいることがわかる。丁度旅行社の看板が目に入ったので立ち寄ってみる。古い村の地図を出し、道案内だけでも良いのでとガイドを頼んでみた。しかしこれらの村は観光地ではないため、ガイド虎の巻に書かれておらず、地元ガイドも困ったようである。昔のことはわからないので案内できませんと断られてしまった。昌楽には孤山という風光明媚な山があり、鐘乳洞や奇岩を有する伝説の山として知られている（図15）。市街地を離れた後は、この孤山を見ながら東へ行く。九・五キロメートルで大橋村に到着した。古い詩の中に「流水寒鴉大橋駅」という一節があり、ここに駅があったとされている。孤山のすそ野に位置する小さな村で、土地の人に教えられた通りに一巡してみたが、由緒ありそうな建物は見当たらなかった（図15）。

地元の郷土史研究家劉其安氏によると、朱劉鎮《しゅりゅうちん》では、唐の時代に石橋を建造した際に橋の記念碑を作り、この断片が朱劉鎮中心小学校に保管されていたとのことである。また朱劉鎮には古い時代の官屋（駅）という宿があったという。大橋村から東へ一一・五キロメートルで朱劉鎮に到着し、まず中心小学校へ行った。校門を入ったところに新しい石碑が建っていたので目をやると、唐代の石碑のことが書かれていた。学校が作った石碑の内容と校長先生の話をまとめると、古代の石碑は割れたり、学校改築時に散逸したりで、一部しか残っていないが、古代碑文の文章は唐の則天武后によって作られたものとのことであった。現在、唐代の石橋は残っていないが、建て替えられた陽橋があると校長に教えられたので写真を撮っておく。この陽橋の近くに官屋があったらしいとのことである。そこで土地の古老に聞くことになったが、官屋はよくわからなかった。

円仁が孤山村近くで、渤海の使節と出会った史実――遣唐使ルートがこれで解明された

円仁は北海県から青州に向かう途中、昌楽まで三十里の孤山村で軽食をとって休んでいるが、宿の主人は大変ケチで、お金を払わないと何も出してくれなかったと述べている。三十里（十五キロメートル）の距離とすれば昌楽まで十五・二キロメートルの地点に位置する北楽埠村が孤山村に相当する。朱劉鎮から東へ行くと道路は舗装がなくなりデコボコ道となったので、トラックとすれ違うともうもうと土煙が舞い上がる。道路の両側は畑で、農家や工場が散在している。

実は孤山村の近くで、筆者が特に注目している出来事が起きているのである。円仁は孤山村の野中で、長安より帰国途中にある渤海の使節に出会ったと書いている。この八日後には青州の龍興寺において、円仁は渤海の王子が催した食事会に出席している。王子は渤海使節一行とは途中で別れ、別行動をとっていたのであろう。孤山村や青州で渤海の使節と出会ったことは、円仁が通った青州、孤山村、北海県のルートを渤海の使節も利用していたという歴史的事実を物語っている。上田氏によると第十三回遣唐使の高元度らは、渤海の使節楊承慶と同道し長安まで行っている。高元度らは、渤海の使節といっしょに青州、孤山村、北海県のルートを通ったのではないかと思われる。唐の時代、渤海と新羅は登州に渤海館、新羅館を置き、毎年一回から二回長安に使節を送っている。これらの史実より考えられるのは、円仁が通った官道ルート、登州～青州～淄博は、渤海、新羅と共に日本の遣唐使も利用していたのではないかと推定されることである（図15）。

孤山村（北楽埠村）／円仁はこの村の近くで渤海の使節と出会った。

青州―官路村間は官道ルートモデル地区

青州から官路村までは不思議なことに、道路が東に向かって一直線になっている。この五十キロメートル区間の村道は、古代官道ルートのキーワードが揃っているのである。

一　青州：発掘により円仁が泊まった龍興寺の場所が范公亭路（官道に相当）にあったことが判明した。円仁は青州で渤海使節（王子）の食事会に出席した。

二　聖水：官道地図で十里地点の宿場。

三　半城村（昌楽）：唐代に円仁が泊まった村。古代に駅があった。

四　大橋村：詩文で駅があったことを詠まれている。

五　朱劉鎮：中心小学校で教えられた唐代の碑文と官屋の話。

六　孤山村：円仁が渤海の使節と出会った史実。

七　官路村：村に官道が通っていた決定的なネーミング。

右：官路村の村道／きれいな並木道であるが、舗装されていないので車が来ると土煙がもうもうと立つ。

左：官路村の保健所／清潔な村で道路わきの家も整備されていた。官路村衛生室の看板が掛かっている。

北海県と王耨村

円仁は北海県（濰坊）では観法寺に宿泊している。城の区域は東西一キロメートル、南北〇・五キロメートルと記されているので、目立たない小さな町であったらしい。観法寺は当時、荒れ果てた状態になっており、仏殿は屋根が消失、仏像が雨にさらされる始末であった。また寺には正式の僧は一人で、あとの住人は還俗した者ばかりと嘆いている。現在の濰坊はビルが林立する大きな都市に変貌しており、観法寺が建っていた場所を捜し当てることはできなかった。

次の目的地は王耨村《おうじょくむら》である。円仁が訪れた唐代と同じ名前を現在も使用しているので、地図で簡単に見付けることができた。今回の官道コースの調査において、円仁が歩いた地点は金嶺から青州までは、国道から少し南の省道一〇二号線に一致、青州から官路村までは国道の南を走る村道に一致した。しかし濰坊から黄山館までは、国道二〇六号線に一致した（図15）。王耨村はかなり大きな集落で、道路も広く診療所から銀行まで備わっていた。丁度食事の時間になったので、村の中をぐるぐる回り食堂をさがした。やっと一軒見付け、女主人にメニューは？　と聞いたが、メニューはないとのこと。よく見るとうす暗い店内に野菜や肉、魚などの食材が並んでいたので、食材を選び料理を作らせる方式と判明した。料理は運転手の協力でなんとか注文できたが、あっさりした家庭料理で味は上々であった。

王耨村の診療所

shoyu

広大な濰河／昌邑市の郊外を流れる大きな川である(図15)。沿岸で 5000 年前の新石器時代遺跡が発掘されており、この地方が古い歴史を有していることがわかる。

上：古城があった昌邑市第一中学校／前方遠くに見えるビルが、昌国古城遺跡のあった第一中学校。先生に聞いたところでは、城壁などの遺跡らしいものは残されていない。このあたりは町の中心部になる。
下：昌邑市立病院付近の旧市街／ここは官道の芙蓉駅があったところで、昌邑の中心街にほど近い。

(六)漢代の古城「昌邑」

王耨村を出発、国道二〇六号線を東北方向に向かい昌《しょう》邑《ゆう》に到着(図15)。円仁はここで芙蓉駅に泊まっている。

「芙蓉駅の西一里に昌国古城(都昌故城)があり、城壁内に人が住んでいる。村人に聞いたところによると、廃城になってから千年余りが経過している。古城内には金銀、宝物、古銭が埋もれており、雨が降ったあと地中から宝物が発見される」と書いている。昌邑市第一中学校付近にある昌国古城遺跡は、東西三百メートル、南北四百メートルの大きさで、漢代の陶器が出土している。芙蓉駅の場所については、円仁が昌国古城まで西へ一里と書いているので、昌邑市立病院のあたりに相当する。円仁は王耨村から芙蓉駅まで二十里と記録しているが、王耨村から市立病院まで十・七キロメートルで、走行距離からも矛盾しない。昌邑市は漢代の古城があった土地なので、古めかしい町の姿を頭に描いていた。しかしながら車を走らせてみると、整然と区画された広い道路の両側に真新しい建物が立ち並び、いかにも発展中の小都市という感じになっていた。

やや枝葉末節になるが、昌邑では国道は町の中心部より一・五キロメートル南を走行している。一方中心部にある市立病院より東の方向二キロメートルの地点に、古い地図で五里店(現在の五里村)と宿場の名が付いた集落が記録されている。すなわち昌邑市街の官道は、五里店と市立病院(芙蓉駅)を通るライン上にあり、現国道より一・五キロメートル北方にずれて走行していたようである。濰坊から黄山館までは、官道はほぼ国道に沿って走行しているが、昌邑市街だけ北方に離れている理由については下記のように考えられる。以前の国道は市の中心部(官道ルート)を走行していたが、交通量が増えたため市の南へ新しい国道を作り、ずれが生じたらしい。

円仁は三埠村で川を渡った

次の目標地三埠村《さんふむら》は、唐代と同じ名前が使われていたので、地図で簡単に見付けることができた。円仁の記録では、三埠村の劉氏宅に宿泊を依頼した際、奥さんにどなられたが、御主人はとてもいい人で妻の不機嫌を悪ふざけですよと弁解し、とりなしている。この年、山東半島はイナゴの大群襲来のため、飢饉に陥り生きるのが精一杯で、人々の心がすさんだ状態にあった。奥さんにしてみれば、ろくに物も食べられないこんな時に人を泊めるなんて、と腹が立ったのであろう。そもそも円仁が山東半島の旅に出る前、この飢饉は知れ渡っていた。土地の人からは、山東は食べ物がないから旅行はとても無理で、当分の間待つように言われていたのを押し切って出発したのであった。このため、三埠村に限らず、山東半島を通り過ぎるまでは、毎日のように食べ物の苦労は続いていたのである。

上：三埠村近くの膠莱河支流
下：三埠村の劉さん宅で歓迎された／村の入口で劉さんという名前の人が住んでいるかと聞いたところ、およその場所を教えてくれた。近くまで行き運転手が居合わせた人に尋ねてくれたが、あいまいな返答しか得られない。このやり取りを聞いていたが、決してとげとげしい雰囲気ではないのである。そこで筆者が直接に事情を説明したところ、すぐに案内してくれた。劉さん夫妻は玄関まで出てきて、にこやかに迎え入れて下さった。小さな庭を通り６畳ほどの部屋に入ると、ベッドと応接セットが置かれていた。近所の人もいっしょになりお茶を飲む。唐の時代に日本人僧がこの村の劉清さん宅に泊めてもらった話をするが、日本人についての言い伝えは知らないとのことであった。写真右端は運転手、中央は劉さん夫妻。

円仁は三埠村から西へ二・五キロメートル歩き、膠河（膠莱河）の渡し場に着き河を渡ったと書いている。現在はこの村から二キロメートル西に膠莱河の支流（沢河）はあるが、本流は八キロメートルほど離れている。唐代の渡し場は現在とかなり異なっていたようである。また円仁は対岸に渡ったあと、川沿いに二十二キロメートル（西へ）歩いて昌邑芙蓉駅に着いたと書いている。しかし現在は、三埠村と昌邑の間に二本の大きな川はあるが、どちらも北に向かって流れており、東西方向に流れるものは見当たらない（図15）。土地の人に聞いたところでは、濰河と膠莱河の間は土地が低く、過去に洪水が起きているとのことである。低湿地の場合は川の流路は変化しやすいので、唐代と異なっている可能性はある。実地調査で川の位置は円仁の記述と一致しなかったが、昌邑と三埠村の間の国道には官道郜村という官道の名を持つ村があるので、この国道は古代の官道ルートに近いものと考えられる（図15）。

raishu

郷愁さそう莱州の町／山が近くに迫り、海も遠くない。
日本のどこにでもありそうな小都市である。

(七)『日本書紀』に登場する「莱州」

『日本書紀』には、第三回の遣唐使が六五四年二月に二艘の船で出発し、朝鮮半島沿いのコースで莱州《らいしゅう》に着いたことが記録されている。上田氏によると、遣唐使の最高責任者高向玄理《たかむこのくろまろ》は三十年の留学経験を持つ中国通で、また薬師恵日《くすしのえにち》も二回目の派遣とのことで、この使節は万全の体制をとっていたことがわかる。一方、円仁は莱州に来た時の印象を、城の区域は東西〇・五キロメートル、南北一キロメートルで、建物がたくさん立ち並び繁栄していると書いている。しかし泊まった龍興寺の建物は損壊したままになっており、僧もわずか二人しかいなかったと嘆いている。龍興寺は国が建立した寺であり、かつては僧がたくさんいたはずである。寺には食物がなかったので、円仁は自分で持参したものを食べることになり、寺の住職は礼儀をわきまえていないと不満を述べている。

なお龍興寺がどこにあったかについては、円仁は城外に出て東南の龍興寺に宿すと書いているだけである。文面では城壁からさほど遠くない印象を受けるが、はっきりしない。また莱州城の位置については、現在の地図で東関(城の東門)が手がかりである。東門の西側が城内となるが、東関地区から〇・五キロメートルほど西に市役所があり、このあたりが城内ではないかと考えられる。龍興寺はなくなった後再建されておらず、また市内には仏教寺院はほとんど見当たらなかった。莱州は町を歩くと日本の地方都市のように山が近くに迫り、心が安まる感じである。

イナゴの害に苦しむ中李村

円仁は莱州に来る前日に中李村に泊まっている。ここは家が二十余りの小さな村であったが、病人がいるなどの理由で訪問した五、六軒すべてに断られ困惑している。イナゴの害による飢饉で、村人達はよほど苦しんでいたのであろう。最後にやっと藤峰家に泊めてもらうことになり、主人は心のやさしい人であると感謝している。中李村の場所に関し、円仁は莱州の東十五キロメートルと書いているが、距離から集落を選択すれば、莱州市役所から十五・四キロメートルに位置する平里店が当てはまる（図15）。「店」という宿場の名を有する集落がこの付近では平里店だけであるため、間違いなさそうである。この町はかなり大きな集落で道路が整備され、病院や学校などの施設も備えている。まず中心小学校へ行き校門の守衛室で来意を告げると、すぐに先生に連絡してくれた。唐の時代に日本僧がここに泊まった旨を説明すると大変喜んで、平里店についていろいろと説明して下さった。しかしながら、平里店の古い時代の名前や宿場の有無についてはよくわからなかった。

3

1

1：朱橋鎮の石橋は赤くなかった／平里店より 10.7 キロメートル走り朱橋鎮に到着した。小さな川があり石の橋が見えた。古い時代には橋が朱色に塗られていたかもしれない。村の入口から少し入った大きな十字路で青空市が開かれており、人がいっぱいで車が進めなくなった。円仁は平里店から10 キロメートルにある橋村の王氏宅で、お茶を飲み休んでいる。朱橋鎮が橋村に相当することを確認するため、商店や公共施設に橋村の文字が使われていないかと見てまわり、土地の人にも尋ねたが、わからなかった。

2：官道村の道標／官道村は地図上で、朱橋鎮から 8 キロメートルの場所になっていた。そこで、車の走行距離メーター上でジャスト 8 キロ走った地点で停車を命じた。左前方、国道沿いに小さな集落が見えた。ゆっくり 50 メートルほど進むと官道の道標があったので車を降り、近くにいた中年の女性にあいさつする。村長さんの家まで連れていってもらったが不在であった。村の長老に会わせてほしいと依頼したところ自宅へ案内し、79 歳の父親に会わせて下さった。門をくぐり小さな庭から家の中へ招き入れられた。いろいろと話を聞かせてもらったが、村の歴史に関する古い話は出てこなかった。

3：平里店中心小学校の先生／先生は、日本からこの村まではるばる調査旅行に来たことを大変喜んで、歓待してくれた。

2

2

1

婚庆

3

中国移动通信
CHINA MOBILE
黄山馆经营部
HUANG SHAN GUAN SERVICE HALL
顺心烧烤

1：唐代と現代の同居（天坪はかり）／リヤカ―に乗せたなつめを売っているおじさんが、天坪のはかりを使って重さを測っている。この天坪は唐の時代に使われていたものとさほど変わってはいないであろう。隣の露店（次の写真）では電子はかりが置かれている。唐代と現代が同居しているが、ちっとも不自然さは感じられない。天坪のはかりは、中国でよく見かけるがうっかり落としてもこわれないし、電池切れの心配もない。露店ではなかなかのすぐれ物といえよう。しかしながら、少数点以下まで気になる日本人には、このおおらかさは真似できないのである。

2：電子はかり／左下スカーフをかぶり座ってリンゴを売っている女性の右前には、電子はかりが見える。天坪（前の写真）とは対照的である。なお中国では、果物は大小不揃いのまま重さを測って売るのが普通。

3：黄山館は官駅／黄山館の名は 12 世紀に登場し、明代には駅が置かれ逓夫と馬による通信、運送業務が行われていた。円仁は九里戦村（龍口市九北）から 45 里（22.5 キロメートル）西方の乗夫館で休み茶を飲んだと書いている。黄山館は九北から 21.8 キロメートル西にあり円仁の記録とほぼ同じで、館という駅業務の場所であったことも一致しているので、乗夫館に相当すると判断した。なお黄山館と朱橋鎮の間には国道沿いに官道村があるので、官道はこのあたりでは国道 206 号線近くを通っていたと考えられる（図15）。

4：長老の家の前で／右は長老の娘さん、左は運転手（官道村）。

九里戦村はピッタリ九里

黄山館からしばらく走ったあと国道二〇六号線を東に折れて、龍口市の旧市街に向かい九北に到着した（図15）。円仁は王徐村（三十里店）から四十里（二十キロメートル）の九里戦村で泊まったと記録している。九北から三十里店までは十八・五キロメートルで、円仁の記載とほぼ一致している。九北村委員会の記録によると、明代に戦という姓の人が雲南から移住し店舗を開いている。この店から役所までの距離が九里であったことから九里店と呼ばれ、村の名前になったとのことである。その後一九五八年に村の改編があり、九里店は九北村になっている。龍口の地図で旧市街（旧城内）にある南関（南門）と北関（北門）の中間地点は旧城内の中央に相当するので、この近くに役所があったと推定される。そこで南関と北関の中間地点（古代の役所相当）より九北までの距離を測定すると、四・六キロメートルと算定された。九北村委員会の記録すなわち役所までの距離が九里（四・五キロメートル）とほぼ一致しているのである。龍口市の道路は現在、整然と碁板の目状になっている。しかし九北の前を北東に走る

右：九北の道標／九北村のまわりは市街地の開発が進み、広い道と公園が配置され高いビルも建っている。しかし村の中は古い時代の平屋の家が並び車がやっと１台通れる程度で、未舗装のデコボコ道になっていた。
左：龍口市旧城内の北門付近／龍口の北関(北門)地区。遣唐使が通った官道は旧城内の北門に続いていたと思われる。

道路は、碁板の目を斜めに横切り旧城内に入っていく形になっている。このことから古い道は九北から龍口の旧城内を通っていたかもしれない。

官駅の王徐村

山東半島を通る遣唐使北ルートの旅も最終段階に入った。龍口市から北溝鎮の町に入り東へ折れて、畑を通るゆるやかな坂を登り切ったところが三十里店であった。ここは円仁が登州を出発し三十里歩いて、最初に訪れた王徐村に相当する。『蓬莱地名故事』という本には、三十里店は登州府から三十里の距離にあり、明代にはのろし台が置かれ官道が通っていたと書かれている。確かに小高くなっており見晴らしが良いので、のろし台の場所としては適していたと思われる。村には関帝廟があると聞いていたので、村人に尋ねながら奥の方へ入っていった。しかし廟はすでになくなっており、跡地は寺小屋のように小さな小学校になっていたが、これも廃校状態であった。村には子供の姿が全く見えない。若い人の田舎離れや一人っ子政策の影響らしい。三十里店は唐代には法定距離（三十里）毎の官駅が設置され、ある程度にぎわっていたと思われるが、今はひっそりと静まり返っている。村の北側に小さな迎口山が見える。古くから水不足に悩まされ、頂上に雨を降らせてくれる龍王を祭っているとのことであった。

上：のろし台があった三十里店／畑の中を通る坂道を登り切った小高いところに小さな村があった。写真右の標識に三十里店の文字が見える。
下：ヤギがこんにちは／小学校の入口でウロウロしていると、隣の納屋で寝そべっていたヤギが顔を出して、こちらをじっと見つめた。何かおいしいものを持っていませんかと言いたいのであろう。建物は廃校になった小学校。

toshu

遣唐使が泊まった登州開元寺跡／鼓楼跡から開元寺跡に通じる石畳の道。道路遠方に見えるビルの後方に開元寺が建っていた。この寺は唐代に客館として使用され、第 13 回遣唐使と円仁が泊まった史実がある。現在は、不規則に家が建ち並ぶ住宅地になっている。

（八）遣唐使北ルート出発の地「登州」

登州《とうしゅう》（蓬莱）は朝鮮半島、渤海、日本への起点となっており、唐代に最も繁栄を迎えた。登州から点線のように延びる廟島群島を島伝いに行くと、対岸の遼東半島は目と鼻の先である。ここからは、朝鮮半島に沿って南下すると新羅、日本の九州、北に向かえば鴨緑江から渤海と安全な航路が開かれていたのである。長安を目指す新羅、渤海の使節に加え、初期の日本の遣唐使も登州の港を利用していたようである。唐代、登州には山東半島の先端地区を統括する登州府が置かれていた。日本の遣唐使が登州に到着すると、客館として使われていた開元寺などに滞在し、この間に駅馬網を利用した連絡が、青州を経て千五百キロメートル彼方の長安まで、迅速に伝わったはずである。中央政府の上京許可がおりると、使節接待の慣例に従い、役人が長安まで遣唐使を案内したものと考えられる。円仁は開元寺に泊まって

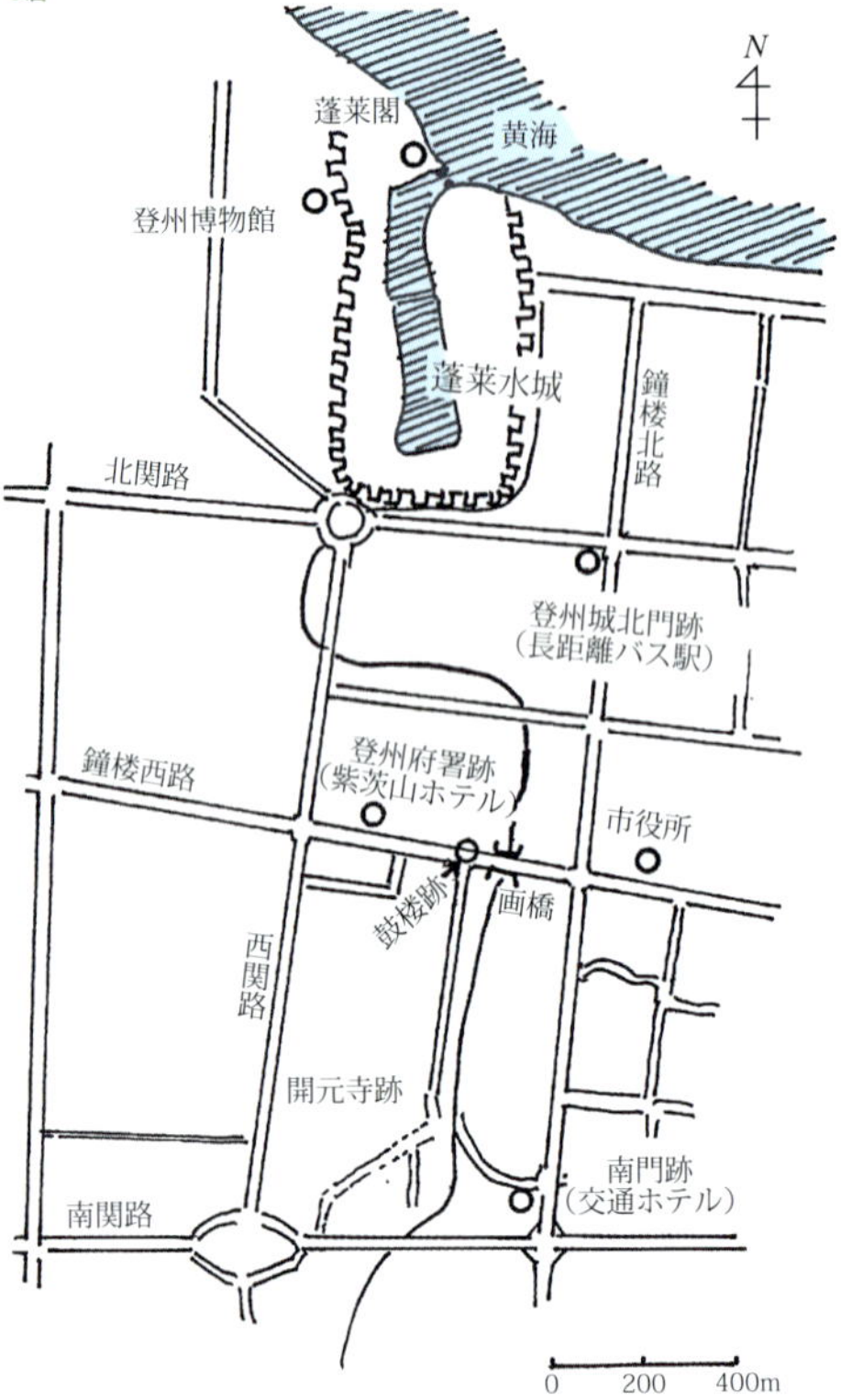

図18　蓬莱（登州）旧市街

1：ホテルの看板に見える登州の文字

2：遣唐使が上京手続きをした登州府／画橋から西方を見ている。道路の奥右側は登州府跡。左手前の楼閣の場所には、古い時代に鼓楼が建っていた。

3：登州城内の旧市街／ここは登州城内北門跡（長距離バス駅）の近くで、海はすぐそばである。

いた時に、僧伽和尚の堂の壁に日本の遣唐使が奉納した壁画が描かれているのを発見している。録事 羽栗翔《はぐりのかける》、白牛養など八人の日本人の名前が仏像の左右に書かれていた。この遣唐使は、先に述べた渤海の使節と共に登州に上陸した高元度《こうげんど》らの一行とされている。

登州博物館は、蓬莱閣に隣接した公園の中に建っていた。入口にいた係員に登州府について質問すると、すぐに女性専門官の張愛敏さんを紹介して下さった。現在残っている最も古い地図は明代のもので、これに従い登州城の復元模型が作られている。唐代の主要な遺跡の場所を教えてもらったので、博物館の近くにある旧市街へ行ってみた。登州府のあった場所は、小さな画河にかかる画橋の西方で、ここから道路を隔てた南は由緒ある建物が並ぶ風致地区になっている。遣唐使や円仁が泊まった開元寺は、風致地区の南に隣接する古い住宅地に建っていたとのことである（図18）。

上：裏通りの犬／地方では、このような小型犬が放し飼いにされているのをよく見かける。
下：登州城南門跡／右上に交通賓館の看板が見える。唐の港に上陸した遣唐使は、地方の役所と中央政府のやりとりに時間がかかり、上京するまでに１ヶ月以上待たされた。南門は開元寺のすぐ近くにあったので、このあたりへ散策に来ているものと想像される。

遊んでいても地区パトロール

旧市街で写真を撮りながら歩いていたところ、遠くから犬のグループ三匹にちょっと吠えられた。観光ポイントでもない裏通りをウロウロする者は滅多にないので、挙動不審と判断したのであろう。彼らは放し飼いでノラリクラリしているように見えても、地域の防犯にしっかり貢献しているのである。一方、早朝の西安では、公園のまわりで犬を散歩させているのをよく見るが、ほとんどロープを付けていない。犬と犬とが歩道で出くわしても、おしりのにおいを嗅ぐなど犬同士の挨拶をする程度で、まことにおとなしい。見知らぬ犬にすぐ吠えかかる日本の犬と比較し、しっかり社会性はできている。

蓬莱水城／宋の時代に初めて作られた軍港。長さ 600 メートルほどの港は高い城壁で囲まれている。山の上に見えるのは蓬莱閣で、古い寺や廟が建っている。

右：蓬莱閣から眺めた水城／左の水面が水城でまわりを囲む城壁が見える。水城の奥にかすんで見える町並みは登州城があった旧市街である。
左：蓬莱閣から黄海を望む／山の上にある蓬莱閣から、眼下に広がる黄海を眺める。遣唐使はこの大海を渡って日本からやって来たのである。

蓬莱閣海岸の八仙人

海に落ちた仙人

中国では観光地へ行くと、しばしば仙人の話が出てくる。死後に極楽浄土へ行くのは、昔から日本人の夢であったが、中国では生きている間に不老不死の仙人になる方に人気がある。蓬莱は古代より海の彼方にある仙境の代名詞になっている。この地方の説話では、八人の仙人が各自の秘法を使って海を渡り蓬莱へ行ったが、途中で海を治める龍王をびっくりさせたという話が出てくる。蓬莱閣へ行った際にガイドのお嬢さんから聞いた話では、八人の仙人は出発の際に宴会を開き、お酒を飲み過ぎた一人が海に落ち、日本では七福神になったという。中国の説話集の本には一人マイナスの話は出ていないので、このジョークは日本人以外にはピンとこないであろう。

蓬莱の海鮮料理店／海岸通りにズラリと店が並んでいる。

海鮮天国

タクシーの運転手に海鮮料理の店を紹介してもらった。中に入ると店の奥にある食材の部屋に案内してくれた。広い部屋の片面にはたくさんの水漕があり、別の一画には氷の上に大きな魚が、反対側には生の野菜やきのこ類を盛った皿が並んでいる。店員が網ですくうと、魚は飛びはね、カニは足を伸ばして逃げようとする。元気いっぱいで、さすがは海を目の前にした町の魚である。わたりガニ、カレイの煮付け、ほうれん草のスープを注文した。スープはほうれん草以外にいろんな海のものが入った具だくさんになっていた。山東料理は一般にあっさりしており、日本人には向いている。

青島でなつかしい人々と再会

山東の調査旅行は蓬莱で終了したが、西安への帰途、青島大学のDさんのところへ立ち寄った。奥様のSさんが出迎えて下さり、海岸近くの立派なホテルへ案内された。Dさん御夫妻とは十五年ほど前、二人揃って福井医大に留学されて以来家族ぐるみの付き合いである。娘のIさんは小学校五年から中学校卒業まで福井で過ごし、その後北京の大学でさらに日本語にみがきをかけ、現在はバイリンガルの能力を生かし、日本語でインターネット関連の仕事をされている。Sさんの案内で青島の名所を散策した後青島大学病院へ行くと、御主人のDさんが笑顔で迎えて下さった。今ではDさんは消化器内科教授、Sさんは臨床検査診断学教授と、大学の要職に就いておられるのである。福井と青島大学の交流は、D夫妻の留学に始まり青島大学代表団の医大訪問、看護師さんの福井心臓血圧センター研修など、かなりの長きに及んでいる。

今回は個人的な旅行であったが、福井からの訪問は久しぶりとのことで、大学病院ではたくさんの方々から歓迎を受けた。帰る段になって、病院の博物館に案内された。ヨーロッパ風の二階建になっており、古くは病棟として使われていたとのことである。青島大学病院は一八九八年にドイツ系の病院として発足しているが、それ以来の医療機械、カルテ、診療風景などが整然と展示され、百十年という長い伝統を感じさせる。夜になり海鮮レストランで歓迎会が開かれ、中国でいう「山珍海味」の熱烈歓迎を受けた。宴席では時間がたつのも忘れ、福井での話に花が咲いた。二人の看護師さんは、福井の病院で研修していた際のアルバムを持参されたが、D夫妻や筆者らの十年前の若い顔が写っていたため、みんなで笑った。

青島大学病院のおしゃれな博物館／この建物は古い時代には、
ドイツ系病院の病棟として使われていた。

青島の港

おわりに

『日本書紀』『続日本紀』など数々の国史に書かれている遣唐使の記録の中で、唐の海岸から長安にのぼる旅行中の記録は皆無に等しい。また千三百年も昔のことで、現地へ行っても目に見える遣唐使の事跡が残っている可能性は少ない。このように何もない厳しい現実に直面し、初回の調査旅行に際しては、まるで雲をつかみに行くような感があった。しかし旅行が終わり撮影した写真や土地の考古学者から聞いたメモを整理している内に、次から次へと疑問が出てきたのである。これらについて調べを進めている間に山のような資料に取り囲まれ、また湧き出てくる疑問に背中を押される形でさらなる調査旅行に向かう結果になった。資料を前にして暗中模索していた時、幸いにも筆者が趣味としていた地図の分野に一筋の光明を見出し、なんとか手がかりをつかむことができたのである。西安に滞在した二年の間に、遣唐使ルート上にあった数々の疑問点がある程度明らかになり、一冊の本にまとめることができた。

遣唐使の道中に関する研究について、当初全く取り付く島がないように思われたが、現在では手がかりはかなりあると考えている。地図の検討以外に、現地の郷土史家や考古学者との連携による地誌の掘り起こしは有力な方法である。また大運河世界遺産申請にともない、宿州、商丘近辺の数百キロメートルは、発掘ブームになっている。発掘品の中には遣唐使に関連したものが含まれているかもしれない。長大な遣唐使の旅程の中で、本書が明らかにできたことはごくわずかである。今後も遣唐使の秘められたロマンが徐々に解き明かされることを願うところである。

序文を頂戴した西北大学文化遺産学院教授王維坤先生には、大学における考古学の研究に際して格別なる御指導をいただき、ここに心より感謝を申し上げる次第である。西北大学日本語学科の大学院生 梁《りょう》 蕊《ずい》さんには、原稿と写真の編集に一方ならぬ御尽力をいただき感謝にたえない。また福井中国語講習会の矢部《やべ》勇雄《いさお》氏には、校正の労をお願いしたことを深く感謝している。毎回の調査旅行に際して訪れた町や村の人々との交流で、書き尽くせないほどの御好意を受けたことは、いつまでも心に残っている。これら数多くの方々に厚くお礼を申し上げ結びとしたい。

参考文献（日本）

東野治之『遣唐使』　岩波書店　二〇〇七年
東野治之『遣唐使船』　朝日新聞社　二〇〇七年
上田雄『遣唐使全航海』　草思社　二〇〇六年
高木博『萬葉の遣唐使船』　教育出版センター　一九八四年
日本歩け歩け協会、陝西省人民対外友好協会、朝日新聞社『平成の遣唐使』　一九九七年
曹復（人民中国翻訳部訳）『遣唐使が歩いた道』　二玄社　一九九九年
円仁（足立喜六訳注、塩入良道補注）『入唐求法巡礼行記一、二』　平凡社　一九八五年
エドウィン・O・ライシャワー（田村完誓訳）『円仁　唐代中国への旅』　講談社　二〇〇八年
阿南ヴァージニア史代（小池晴子訳）『円仁慈覚大師の足跡を訪ねて』　ランダムハウス　二〇〇七年
成尋（藤善眞澄訳注）『参天台五臺山記　上、下』　関西大学出版部　二〇一一年
宇治谷孟『日本書紀　全現代語訳　下』　講談社　二〇一一年
宇治谷孟『続日本紀　全現代語訳　上、中、下』　講談社　二〇一一年
森田悌『日本後紀　全現代語訳　上、中、下』　講談社　二〇一〇年
森田悌『続日本後紀　全現代語訳　上、下』　講談社　二〇一〇年
石原道博編訳『魏志倭人伝・後漢書倭伝・宋書倭国伝・隋書倭国伝』　岩波書店　一九八四年
小野雅弘編『国宝鑑真和上展』　ＴＢＳ　二〇〇九年
尹夏清（佐藤浩一訳）『図説中国文明史　六　隋唐　開かれた文明』　創元社　二〇〇一年
妹尾達彦『長安の都市計画』　講談社　二〇〇一年
専修大学・西北大学共同プロジェクト編『遣唐使の見た中国と日本　新発見井真成墓誌から何がわかるか』　朝日新聞社　二〇〇五年
古瀬奈津子『遣唐使の見た中国』　吉川弘文館　二〇〇三年
池田温編『古代を考える　唐と日本』　吉川弘文館　一九九二年

高見茂『吉備真備　天平の光と影』　山陽新聞社　一九九七年
佐伯有清『高丘親王入唐記』　吉川弘文館　二〇〇二年

参考文献（中国）

王維坤『中日文化交流的考古学研究』　陝西人民出版社　二〇〇二年
潭其驤編『簡明中国歴史地図集』　中国地図出版社　一九九一年
欧陽脩、宋祁（北宋）撰『新唐書第二〇冊』　中華書局
劉昫（後晋）撰『旧唐書第一六冊』　中華書局
円珍（白化文、李鼎霞校注）『行歴抄校注』　花山文芸出版社　二〇〇三年
宿州文物編写組編『宿州文物』　文物出版社　二〇〇八年
冉万里『隋唐考古』　陝西人民出版社　二〇〇九年
胡戟『西市宝典』　陝西師範大学出版社　二〇〇九年
王昆吾『唐代酒令芸術』　知識出版社　一九九五年
呉玉貴『中国風俗通史』　上海文芸出版社　二〇〇一年
韓昇「井真成墓誌所反映的唐朝制度」『复旦学報』六七（No.06）　二〇〇九年
中国科学院古考研究所西安唐城発掘隊「唐代長安城考古紀略」『考古』五九五（No.11）　一九六三年
李俊三「青州的駅站、逓鋪」『東方花都』二六（No.1）　二〇一二年
宋耀武『蓬莱地名故事　上、下』　山東大学出版社　二〇一〇年

遥かなる遣唐使の道

2013年3月15日 第1刷発行

著　者　三船順一郎
発行者　宮下玄覇
発行所　MPミヤオビパブリッシング
〒162-0053
東京都新宿区原町1-20
電話(03)6457-6086㈹
発売元　株式会社宮帯出版社
〒602-8488
京都市上京区寺之内通下ル真倉町739-1
営業(075)441-7747　編集(075)441-7722
http://www.miyaobi.com/publishing/
振替口座 00960-7-279886
印刷所　爲國印刷株式会社

 ISBN978-4-86366-875-1 C0022